Wie werden Kinder eigentlich zu Frauen? Wie lernen Mädchen mit körperlichen Veränderungen, die einer bestimmten Bedeutung unterworfen sind, umzugehen und sich einen weiblichen Habitus, ein bestimmtes Repertoire an Denk-, Gefühls-, Verhaltens- und Wissensformen anzueignen, um gesellschaftlich akzeptiert zu werden? Die AutorInnen dieses Buches beschreiben, mit welcher Form von Normalität Mädchen in ihrer Pubertät konfrontiert werden.

Sarah Diehl (Hrsg.)
Brüste kriegen

Dank an Allison Williams, meinen Eltern Annette und Wolfgang Diehl, Avi Pitchon, Elke Buschmann, Conny Lösch, Mahide Lein von AHOI - Kunst- & Kulturvermittlung und Susanne Koppe

Zweite korrigierte Auflage
Verbrecher Verlag Berlin 2006
www.verbrecherei.de

Gestaltung: Sarah Lamparter
Titelzeichnung: Tatjana Doll
Druck: Dressler, Berlin
Printed in Germany

ISBN : 3-935843-42-9

INHALT

VORWORT

Wie werden Kinder eigentlich zu Frauen? Geschlecht ist mit dem Körper nicht allein dadurch verknüpft, dass aufgrund ausgewählter Merkmale eine Geschlechtszugehörigkeit zugewiesen wird. Die gesellschaftlich vorgegebene Geschlechtlichkeit wird sehr stark mit dem Körper verbunden, denn sie gibt eine bestimmte Existenzweise vor, ein Repertoire an Denk-, Gefühls-, Verhaltens-, und Wissensformen, die man vom ersten Tag seines Lebens erlernen muss. Wie der Titel der Anthologie deutlich machen will, wachsen Brüste nicht einfach – man „bekommt" sie.

Wie erleben nun Mädchen die Zeit, in der sie aktiv einen weiblichen Habitus kultivieren müssen, um gesellschaftlich akzeptiert zu werden? Welche Rolle spielt dabei die Konfrontation mit körperlichen Veränderungen, wie das Einsetzten der Menstruation und das Größerwerden der Brüste?

Solche Fragen werden oft als profan abgetan, und die tatsächliche Erfahrung damit wird gesellschaftlich kaum verhandelt. An diesem Thema hängt jedoch ein ganzer Komplex von Problemen, Identifizierungsprozessen und Machtverhältnissen, die durch das subjektive Erzählen dieser Erfahrungen in den Beiträgen dieses Buches deutlich werden sollen. Mädchen wird vermittelt, dass sie ihrem Körper eine ganz bestimmte Verantwortung gegenüber haben. Sie müssen lernen, ihren Körper zu managen. Sie sind im Besitz der Körper, die die Reproduktion einer Gesellschaft gewährleisten. Damit sie nicht zu viel verlangen, wird es als selbstverständlich vermittelt, dass Frauen sich dafür zur Verfügung stellen und ihren Körper und dessen Funktionen in Bezug auf Gesundheit, Schönheit und Fruchtbarkeit selbst verwalten. Die hier ver-

öffentlichten Texte zeigen, mit welcher Selbstverständlichkeit dies passiert. Um zu verneinen, dass man dieses Thema auf eines beschränken kann, mit dem sich ausschließlich Frauen beschäftigen sollen, finden sich auch drei Beiträge von Männern im Buch.
Angesichts der Tatsache, dass dieses Buch in Deutschland erscheint und die meisten Autorinnen weiße Europäerinnen sind, repräsentieren diese Geschichten eine Minderheit der Weltbevölkerung. Das Interview mit Asili Barre-Dirie und Fana Asefaw gibt einen Einblick in Problemfelder, die nicht abgesondert behandelt werden dürfen. Somit will sich dieses Buch jeder Vorstellung von Normalität, Primitivität, Fortschritt und Zivilisation versperren.
Dieses Buch versteht sich aber nicht als „Problembuch", das ein abseitiges Thema behandelt, sondern als Darstellung des Alltags von Mädchen in einem bestimmten Lebensabschnitt. Es macht deutlich, wie subtil Gewalt auf Menschen ausgeübt wird, wenn es um die erzwungene Eindeutigkeit der Geschlechtsidentität geht. Ebenso soll die Erfahrung von Menschen thematisiert werden, bei denen diese Darstellung offensichtlich nicht „normal" verläuft. Denn der Körper geschlechtlich bleibtdefiniert. Travestie, Transsexualität und Intersexualität werden von der Gesellschaft nur in einer Weise akzeptiert, so dass Menschen schließlich doch wieder eindeutig einem Geschlecht zugeordnet werden. Der Uneindeutigkeit wird der Raum der Spielerei oder der Krankheit zwischen zwei klar abgegrenzten Bereichen von Weiblichkeit und Männlichkeit zugewiesen.
Es gibt innerhalb der Genderdebatte die Diskussion darüber, ob neben dem sozialen Geschlecht auch das biologische Geschlecht konstruiert wird. Wie lernen Mädchen – durch die gesellschaftliche vermittelte Erfahrung mit ihrem Körper – zur Frau zu werden? Diese Anthologie versteht sich auch als ein Beitrag zu dieser Debatte.

Sarah Diehl, Oktober 2004

SEXBERATUNG

Françoise Cactus

Als Teenager war ich von umwerfender Hässlichkeit. Ich hatte wirklich die Nase voll davon, hässlich zu sein! Selbst Hunde knurrten, wenn ich vorbeilief. Mein Haar war fettig, das Gesicht voller Akne, die Brüste platt. Dazu eine dicke Brille, hinter der meine Augen wie zwei Bindestriche wirkten. Das einzige, was ich ohne Scham zur Schau stellen konnte, waren meine langen schlanken Beine. Zum Glück waren damals Miniröcke in. Hin und wieder kam es vor, dass ein Mopedfahrer gegen eine Ampel raste. Allerdings nur, wenn er mich von hinten erblickt hatte.

Nichtsdestotrotz war ich im Gymnasium sehr beliebt, denn ich war amüsant, sozusagen der Clown vom Dienst. Wie sehr ich Clowns hasse, kann ich kaum in Worte fassen. Diese Schokoladenschachteln, mit denen meine damaligen Kumpels ihre Buden schmückten, hätte ich am liebsten in Brand gesetzt – mit ihrer traurigen Clownsfigur, die ewig dieselbe Träne vergoss.

Es gab noch einen Grund, weshalb ich so zahlreiche Freunde und noch zahlreichere Freundinnen hatte: meine Klugscheißerei. Zwar erreichte ich Bestnoten in Literatur und Philosophie, war aber alles andere als eine Stiefelleckerin. Im Gegenteil, demonstrativ legte ich mich mit den Lehrern an, zerstörte ihre Mantelknöpfe und organisierte Schülerrebellionen.

Doch die absolute Krönung war mein Engagement als freiwillige Tutorin: Jeden Montagmorgen hielt ich im Studiensaal Sexberatungsstunden ab. Alle Internatsinsassinnen wurden um acht Uhr früh im Gymnasium eingeliefert, obgleich der Unterricht erst um zwei Uhr nachmittags anfing. Also wurden sie solange in einen Raum gesperrt, in dem sie ihre Hausaufgaben für die Woche erledigen sollten. Selber vom Wochenende erledigt, schliefen die meisten, bis sie mit ihren Fragen an die Reihe kamen. Ich saß ganz hinten im Raum, und sobald die Aufseherin ihren Schreibtisch verließ, um am Fenster zu träumen, kam eine neue „Patientin" zu mir. Ich war eine der Jüngsten, noch Jungfrau und hatte keine Ahnung von nichts. Aber das wussten sie alle nicht.

„Verstehe", sagte ich, sobald das verzweifelte Mädchen den ersten Satz ausgesprochen hatte. Dabei tappte ich im tiefsten Dunkeln, vertraute jedoch darauf, dass meine Coolness schon eine Erklärung provozieren würde.

Fast immer folgte dann ein langes Lamentieren über das verpfuschte Wochenende. Sie hatte ihn gesehen, er sie aber nicht. Super sexy hatte sie sich gestylt, belohnt wurde sie bloß mit einer Blasenentzündung. Endlich hatte sie sich getraut, ihn anzusprechen, und natürlich nur Blödsinn gefaselt. In einem Opel Kadett hatte sie ihn geküsst, sofort hatte er die Sitze nach hinten gekippt. Als sie dann nicht mit ihm schlafen wollte, hatte er sie als „Anzünderin" beschimpft und sie in hohem Bogen hinausgeworfen. Seitdem ignorierte er sie oder verfolgte sie mit spöttischen Blicken.

Als Beraterin gab ich Gesundheitsratschläge, Flirtlektionen und Tipps, wie man als Sexbombe gelten konnte, ohne dabei seine „Blume" zu verlieren: „Drei oder vier Höschen musst du unter deinem Minirock tragen – oder Wollpanties. ‚Hallo, hier bin ich!' rufen, sobald du einen Club betrittst. Wenn dir nichts Besseres einfällt, wiederholen, dass du ihn viel toller findest als deinen Vater. Oder Gedichte von Lamartine auswendig lernen und sie im Notfall runterrattern. Mit den Brüsten nach vorne und dem Popo nach hinten durch den Raum wackeln. Lauthals lachen und dabei die Haare vor das Gesicht fallen lassen wie einen Vorhang. Erklären, dass du für diese plumpe Sexgymnastik viel zu romantisch bist – oder zu intellektuell. Wenn du dich das nicht traust, dann behaupte einfach, du hättest eine unheilbare Geschlechtskrankheit!“

Die meisten hatten entsetzlichen Liebeskummer, weil „er“ sie nicht liebte. Dann hielt ich sie in den Armen und tröstete sie. Um zu zeigen, wie sehr ich an ihrem Kummer teilnahm, weinte ich mit ihnen. Diese Fähigkeit ist mir bis heute erhalten geblieben. Zählen Sie bis drei, und ich heule wie eine Fontäne.

Die Situation am Gymnasium lässt sich in einen Satz fassen: Alle Mädchen waren unsterblich in Gilles Pommier verliebt. Ein großer Typ mit dicken Lippen und weiten Schlaghosen, der vage an den jungen Mick Jagger erinnerte. Nicht besonders klug, ein ziemlicher Angeber, aber hübsch eben, wenn man auf solche Klischees steht. Samstag abends trieb er sich immer in der „Gruft“ herum, einer Diskothek, in der die Cocktails unbezahlbar waren und altmodische Soulmusik aufgelegt wurde.

Noch nie hatte ich auch nur einen Fuß hinein gesetzt. Meine strengen Eltern, bei denen ich das Wochenende verbrachte, verboten mir, nach zehn Uhr abends das Haus zu verlassen. Meinen Mitschülern erklärte ich einfach, dass der Laden nur für spießige Opas tauge, nicht für Leute, die Punkrockmusik aus England sammelten. Meine Kassetten wollten damals alle kopieren.

Wie es zu den Sexberatungsstunden kam, ist schwer zu rekonstruieren. Wenn ich zurückblicke, habe ich den Eindruck, dass man mich stets um Rat fragte, noch bevor ich überhaupt sprechen konnte. Spätestens mit meinen Geschwistern ging es los, die sich permanent bekriegten. Mich interessierte das nicht die Bohne, und doch kamen sie immer wieder zu mir, abwechselnd natürlich, und ich gab ihnen Tipps, wie sie sich für irgendeine Gemeinheit noch gemeiner rächen konnten. Darüber hinaus vermittelte ich als Diplomatin zwischen ihnen und unseren Eltern, entschuldigte in langen Plädoyers schlechte Schulzeugnisse oder die Marotte meines kleinen Bruders, im Zeitungsladen Comics zu stehlen und sich dabei erwischen zu lassen.

In der Schule ergab es sich aus unerfindlichen Gründen, dass mir alle Mädchen ihre Mösen vorführen wollten. Bald verbrachte ich ganze Pausen auf den Klos und musste knifflige Fragen beantworten. Ob das jetzt mit all diesen hässlichen Haaren in Ordnung war, oder ob dieses schleimige Zeug in der Unterhose Syphilis bedeutete. Es gab Mädchen, die mit zehn schon Körbchengröße C hätten tragen können, und die sich nicht trauten, ihren Müttern zu erzählen, dass sie plötzlich ihre Tage bekommen hatten. Indessen stopfte ich mit Reis gefüllte Socken in meinen BH und zitterte vor dem Tag, an dem ein Junge seine Hand unter meinen Pullover stecken würde, was glücklicherweise nie passierte.

Meine Eltern zitterten mit und schickten mich deswegen ins Internat. Dort hatten wir am Mittwoch Ausgang. Abends torkelten die Schülerinnen sturzbetrunken von der Stadt zurück, stellten sich in die Schlange vor dem Klo, und ich hatte die verantwortungsvolle Mission, ihnen den „Polizisten" zu kitzeln, damit sie kotzen konnten. Sofort fühlten sie sich erleichtert, küssten mich dankbar und bliesen mir dabei ihren stinkenden Atem in die Nase.

Grundsätzlich war ich an allen Geheimnissen interessiert. Da ich selbst nichts zu berichten hatte, konnte ich besonders gut zuhören. So erfuhr ich immer mehr über jene gefährlich-lächerliche Welt, in der sich jugendliche Liebe und Teenager-Sex abspielen. Das ersetzte locker langjährige Erfahrung auf dem Babystrich. Dieser Gilles Pommier und sein Fanclub stellten mich als Beraterin allerdings vor eine neue Herausforderung. Seit er vor einem halben Jahr aufgetaucht war, hatte Gilles Pommier bereits ein Mädchen geschwängert – mit einem gefälschten Pass wurde es zur Abtreibung nach England geflogen –, und zwei weitere in den Selbstmord getrieben, wenn auch ohne Todesfolge: Die eine hatte sich die Venen verkehrt herum aufgeschnitten, die andere war aus einem Parterrefenster in den Abgrund gesprungen. Und alle Mädchen hatten miserable Noten in Mathe, weil die bloße Anwesenheit dieses Schönlings jede Konzentration verhinderte.

Um diesem Treiben ein Ende zu setzen, begann ich, Gilles Pommiers Ruf systematisch zu zerstören. Ich stellte ihn als armseliges Würstchen dar, mit dem sich ein Mädchen besser nicht blicken lassen sollte, weil es einfach zu peinlich war. Das hinderte Gilles Pommier vorerst nicht daran, in den Pausen wie ein Pfau zu paradieren, doch allmählich zeigte das Gift, das ich so tüchtig versprüht hatte, Wirkung: Die Mädchen tuschelten über ihn, lachten ihn mehr oder weniger offen aus und begeisterten sich auf einmal alle für Jean-Philippe Gaumont, den knochentrockenen Sohn des Apothekers Gaumont. Die Haare trug er militärisch kurz und kam selbst im Winter ohne Jacke aus. Dafür lief er stets mit perfekt gebügeltem Hemd durch den Schulhof. Seit die Mädchen für ihn schwärmten, gab es am Gymnasium keine Sexprobleme mehr, und die Sprechstunde verwaiste zusehends.

Der arme Gilles Pommier verstand die Welt nicht mehr. Niemals hätte er damit gerechnet, so schnell wieder out zu sein, und das stand ihm deutlich im Gesicht geschrieben. Dieser neue Ausdruck, frustriert und leicht angeekelt, passte wunderbar zu ihm: ganz mein Typ!

Im Juni, kurz vor den Sommerferien, hatte ich mein erstes Rendezvous mit Gilles. Auf seinen ausdrücklichen Wunsch musste ich es jedoch geheim halten – was ich ohne Widerrede tat.

FRÜHREIF

Annette Lory

Alex wünscht sich eine ältere Schwester, sie wünscht sich eine Schwester, die große Brüste hat – so groß, dass keiner mehr den Veränderungen an ihrem eigenen Körper Beachtung schenkt. Weder die Zwillinge, noch die kleine Schwester. Eigentlich wünscht sich Alex vor allem zwei heranwachsende Brüste, die nicht die ihren sind, aber trotzdem zur Familie gehören – zwei Brüste, an denen sich die Geschwister satt sehen können.

Mit offenen Augen liegt Alex im Bett, sie kann nicht einschlafen, im Viertelstundentakt hört sie das Schlagen der Kirchturmuhr, dann ist es wieder still.

Alex sucht den Zimmerhimmel nach Bildern ab, neben dem großen Bären entdeckt sie zwei leuchtende Augenpaare. Die Blicke der Zwillinge brennen sich durch die Bettdecke und den dünnen Pyjama in Alex' Haut. Sie könnte ihre Beine in die Höhe strecken und den Brüdern mit den Zehen die Augen auskratzen. Stattdessen dreht sie sich zur Seite und fährt mit dem Zeigefinger über die kühle Oberfläche der Wand. Wenn sie nur endlich einschlafen könnte. Wieder schlägt die Kirchturmuhr. Vier Zweiklänge, dann ein einzelner dumpfer Schlag. Ein Uhr. Bald schon wird Mutter an die Türe klopfen.

Sie sei frühreif, hatte Alex die Mutter zum Vater sagen gehört. Wie ein Apfel, der im März schon rote Wangen hat. Alex hatte stumm im Flur gestanden, in ihr drinnen hatte sich alles gegen die Worte der Mutter gesträubt. Alex will nicht. Sie will nicht frühreif sein und auch keine roten Wangen haben. Und doch spürt sie, wie ihr unter den forschenden Blicken der Zwillinge die Hitze in die Wangen schießt. Die

Blicke haben weder einen Anfang noch ein Ende – nicht einmal im Badezimmer hat Alex ihre Ruhe. Während sie sich die Zähne putzt, sitzen die Brüder nebeneinander auf dem Klodeckel.

Nach dem Sportunterricht lässt sie in der Umkleidekabine ihre Blicke möglichst unauffällig über die Körper der Klassenkameradinnen gleiten. Sie sucht nach Spuren der Veränderung, kann nichts finden. Nur ihr eigener Körper ist ein Minenfeld.

Wie es sei, Brüste zu haben, fragt eine Mitschülerin aus dem Hinterhalt. Vor Schreck bringt Alex keine Antwort raus, die Ladung explodiert nach innen, die Fragerin wendet sich kichernd einer Freundin zu. Am liebsten hätte Alex allen beiden eine runter gehauen. Brüste. Dieses Wort, das hat sie nicht, das hat mit ihr nichts zu tun. Das Wort gehört den Müttern, die auf der Parkbank ihre Rosa-Babys stillen. Mit diesem Wort am Hals ist Alex erledigt. Und doch kann sie nicht verhindern, dass es sich schleichend an sie heranwächst. Zuerst das B, dann ein kleines R und die beiden Pünktchen auf dem U. Die Mutter meint, dass Alex bald einen BH brauche. Ihr komplizenhaftes Lächeln täuscht nicht über die Gefahr hinweg. Noch so ein Wort, das nach dem Sportunterricht alle bestaunen können, noch so ein Wort, das sich die Brüder auf der Zunge zergehen lassen und heimlich um den Finger wickeln können.

Vor einem Jahr war noch alles in Ordnung. Vor einem Jahr hatte Alex in den Sommerferien noch oben ohne gebadet. Nur ihre Brustwarzen hatten sich in der Hitze ausgedehnt und sich den Blicken der Zwillinge entgegengewölbt.

„Alexandra“, hatten sie feixend gerufen. „Alexandra“, hatte das Stimmchen der kleinen Schwester aus sicherer Entfernung geechot.

Im kalten Wasser war Sandra weggeschrumpft, und Alex hatte wutentbrannt die Verfolgung aufgenommen.

Kaltes Wasser wird Alex in diesem Sommer nicht mehr helfen. Wenn sie schon keine ältere Schwester haben kann, dann möchte sie wenigstens einen langen Winter – einen, der so lange dauert, bis die anderen aufgeholt haben. Die Klassenkameradinnen und die kleine Schwester. Denen wird das Lachen auch noch vergehen.

Alex, die den Winter nie besonders mochte, ist jetzt hell begeistert von der kalten Jahreszeit. Unter weiten Pullovern halten enge T-Shirts zusammen, was niemand sehen soll. Nur im Badezimmer harren noch immer die Brüder aus.

Sie solle sich einschließen, sagt die Mutter. Sie solle die Zwillinge ignorieren, Brüder seien nun mal so.

Als ob Alex eine Chance hätte. Immer ist einer der Zwillinge vor ihr da, und der zweite folgt dem ersten auf den Fersen. Das Badezimmer wird rund um die Uhr bewacht. Alex, die nicht klein beigeben will, steht im T-Shirt unter der Dusche.

„Alexandra spinnt", rufen die Brüder im Chor. Wie eine Furie geht sie auf die beiden los. Die Mutter schimpft wegen der Pfützen auf dem Teppichboden, und die kleine Schwester bricht in Tränen aus.

Alex knallt die Zimmertüre hinter sich ins Schloss. Ich hasse euch, schreibt sie in großen Lettern auf ein Blatt Papier. Sie hängt den Zettel außen an die Tür, dann schließt sie sich ein. Sich im Zimmer einsperren ist okay, das tun die Brüder auch. Nur im Badezimmer laufen alle nackt herum. In einer anderen Familie wäre alles besser, denkt Alex. Wenn sie wenigstens die Zwillinge halbieren könnte. Sie wünscht sich in einen dieser Filme, in denen Mädchen wissen, dass Jungs doof sind und zusammenhalten, in denen Teenager ihre eigenen Zimmer haben, in denen sich Brüder nicht für ihre Schwestern interessieren und kleine Geschwister nichts als niedlich sind.

Bewegungslos sitzt Alex da, das nasse T-Shirt klebt an ihrem Körper, der Stoffbezug des Stuhls ist nass geworden. Ihr ist kalt. „Scheiß-Zwillinge", flucht sie leise. Liebend gerne würde sie die Rolle wechseln, das ganze Theater ist ihr längst zu blöd geworden. Sollen sich die Brüder doch die Augen ausgucken. Alex wird sie sich vom Körper kratzen und unter den Schuhsohlen zertreten. Mal sehen, wer dann noch im Badezimmer sitzt. Doch das Versteckspiel hat zu lange gedauert, als dass es eine simple Lösung gäbe.

Alex zieht ein trockenes T-Shirt und einen Pullover an, legt sich auf ihr Bett. Sie hört die Stimme der Mutter, die zum Abendessen ruft, wenig später das Geräusch von gedämpften Schritten auf dem Teppichboden. Alex bleibt liegen, das Rufen der Mutter geht sie nichts an. Zu denen setzt sie sich nicht an den Tisch. Nicht mehr heute Abend. Heute Abend wird sie auch niemanden mehr in ihr Zimmer lassen – die Schwester wird bei den Brüdern schlafen müssen. Alex setzt die Kopfhörer auf, macht auch diesen Eingang dicht.

TURA UND ICH

Sarah Diehl

Mit 14 trampte ich nach Wiesbaden, um mir die Brüste von Tura Satana anzusehen. Ich hatte schon viel von ihnen gehört. „Faster Pussycat, Kill, Kill" lief in einem Programmkino und ich wusste, das würde für die nächsten Jahre wohl die einzige Möglichkeit sein, mir diesen Film mitsamt den Brüsten anzusehen. Videotheken in hessischen Dörfern führten zwar einigen Trash und Pornos, aber das war ihnen doch noch nicht untergekommen. Und außerdem, wie sollte ich das meinen Eltern erklären? Unser Videogerät befand sich an einem öffentlichen Ort und nicht in einer abschließbaren Kabine.

Stattdessen erklärte ich ihnen, dass ich bei einer Freundin übernachtete und machte mich auf den Weg zur nächsten Autobahnauffahrt nach Wiesbaden.

Ich trug eine Lederhose und ein enganliegendes Oberteil mit blauweißen Streifen und einer Knopfleiste, darunter trug ich nichts. Das heißt wirklich nichts, was Frauen drunter tragen, wirkliche Frauen, Frauen wie Tura, nämlich jeweils zwei Kilo Bindegewebe mit Nippeln dran.

Ich hatte Nippel, immerhin. Aber die Nippel erinnerten daran, dass etwas fehlte, jedenfalls in Kombination mit einer Vagina, die etwas weiter unten angesiedelt war. Denn wenn andere mit Nippel aber ohne Vagina zwei Kilo Bindegewebe bei den Nippeln hatten, lief was falsch, so geht die Geschichte.

Die Schlange vor dem Kino war lang, ich schlurfte lässig bis zum Ende. Für mich war das hier eine Art Pornokino und ich wollte Anerkennung dafür, dass ich mich hierher traute. Allein ins Kino zu gehen war schon ein richtiges Event. Da, wo ich her kam, gab es keine Kinos. Dafür gab es vier Bordelle.

Ich saß alleine in meiner Kinosesselreihe und Tura stöhnte unter der Dusche: „Uhhhaahh, da wird mir schon ganz anders." Die Jungs vor mir stöhnten: „Ja, mir auch."

Ich wusste nicht so recht, ob ich neidisch sein sollte. Welchen Vorteil hatten große Brüste, wenn dumme Jungs dumme Kommentare dazu abgaben?

Das erste Mal, dass mir meine Brüste im Weg waren, war das erste Mal, dass mir auffiel, dass ich überhaupt welche hatte. Meine Mutter war stolz darauf, dass ich im Alter von zehn Jahren und mit einer Größe von 1, 32 m ein Akkordeon spielen konnte, das halb so groß und schwer war wie ich. Vielleicht deshalb, und weil dieses Bild allein schon ein gewisses Spektakel bot, setzte sie mich bei unserer Erbacher Kerb', wie der hessische Karneval in unserem Dorf genannt wurde, auf das Programm der Abendunterhaltung. Da saß ich nun: mit baumelnden Beinen, da sie noch nicht auf den Boden reichten, klammerte ich mich an mein Akkordeon und mein Akkordeon klammerte sich an mich. Ich spielte um mein Leben, „Oh, Susanna" und „Veronika der Lenz ist da" vor einer angetrunkenen Menge, und schwor mir dass mir so etwas nie mehr wiederfahren sollte. Das johlende Publikum war begeistert, aber das bekam ich schon gar nicht mehr mit, da ich mein Akkordeon nach meinem Auftritt schnell von der Bühne hievte und hinter den Kulissen den ersten Schnaps meines Lebens zu mir nahm. Anscheinend war ich gut angekommen, denn ein Jahr später sollte ich schon wieder auf den selben Scheiterhaufen. Ich begann zu planen. Kinder im Fernsehen machten doch auch solche Dinge, um die Erwachsenen auszutricksen. Kinder, die nicht in die Schule wollten, weil sie einen Hund aus dem Tierheim retten mussten, die taten einfach so, als seien sie krank. Ich wusste, dass ich bei dem exakten Fieberthermometer meiner Mutter nicht einfach so tun konnte, als sei ich krank. Ich musste also binnen der nächsten 24 Stunden krank werden.

Draußen herrschte klirrende Kälte, das war ein leichtes Spiel. Ich ging raus in den Garten und zog meinen Pulli hoch.

Und da waren sie plötzlich, zwei Erhebungen, die mich etwas ahnen ließen. Zum ersten Mal dachte ich darüber nach, was denn die Nachbarn darüber denken würden, wenn ich vor ihrem Küchenfenster meine Brüste entblößen würde. Plötzlich war mir ein Teil meines Körpers peinlich und musste versteckt werden. Ich kroch unter die Tannen in unserem Garten und hockte mich auf die vertrockneten Nadeln vom letzten Jahr.

Ich zog meinen Pullover nicht aus, doch ich zog ihn über meine Schultern und streckte mich lang, damit die Kälte sich richtig in meine Haut fressen konnte. Ich spornte mich selbst an, so zu verharren, obwohl es furchtbar kalt war. Schließlich war es für einen guten Zweck. Alle paar Minuten schaute ich auf meine neue Armbanduhr, die ich zu Weihnachten bekommen hatte. Der Sekundenzeiger war eine Spinne und der Untergrund war ein Spinnennetz, sodass die Spinne die ganze Zeit auf dem Netz von Sekunde zu Sekunde hüpfte. Derweil hüpfte auch eine Spinne auf mir herum, doch ich hatte mir vorgenommen, eine ganze Viertelstunde hier draußen zu bleiben, damit es auch funktionierte. Und schließlich konnte ich unmöglich aus den Tannen herauskommen mit entblößten Brüsten, nur weil eine Spinne auf mir herumlief. Ich musste daran denken, dass als kleines Kind meine unteren Rippen etwas hervorstanden und ich überzeugt davon war, dass das meine Brüste seien. Irgendwo mussten sie ja sein. Dass so etwas wachsen konnte, hatte ich mir nicht vorstellen können, aber wo die anderen Mädchen ihre Brüste hatten, wusste ich auch nicht. Tatsächlich hatte ich nie wirklich darüber nachgedacht. Das Schöne an der Kindheit ist schließlich der Luxus, noch nichts mit dem Normalfall zu tun haben zu wollen.

Ich saß unter den Tannen und begann, mich zu ärgern. Ich fühlte mich komisch beschränkt durch ein Wachstum auf meinem Körper. Ich sah runter. Wie groß würden sie wohl werden? Sie hatten angefangen zu wachsen und ich konnte ihr Wachstum nicht stoppen. Würden sie zu groß, würde ich mich schämen, wären sie zu klein, würde ich mich schämen, ich hatte da nichts mehr zu melden. Ich hatte gehört, dass Milch daraus fließen könnte und ich suchte das Loch in meiner Brust, wo es herauskommen würde. Meine Mutter hatte mich nie gestillt, könnte ich das dann überhaupt? Und wen würde ich stillen? Ich war doch selbst noch so klein. Über diesen Stress vergaß ich beinahe den Zweck meines Frierens. Die Spinne sprang und 15 Minuten waren hinter mich gebracht. Kein Nachbar hatte mein komisches Verhalten entdeckt. Kleines perverses Ding. Ich hatte das Gefühl, mit dieser Veränderung wurde mir die Erlaubnis entzogen, mich selbst zu betrachten. Plötzlich musste ich mir selbst peinlich sein.

Am nächsten Morgen hatte ich Fieber. Es hatte geklappt wie im Fernsehen, und von nun an wusste ich, dass es Sinn machte, sein Schicksal in die eigene Hand zu nehmen.

Drei Jahre später saß ich nun hier und schaute mir Tura an.

Ihre Brüste konnte ich eher betrachten als meine eigenen, ihre waren frei zur Beschau. Abgesehen davon, dass man sie vor den Jungs verstecken musste, fielen mir meine eigenen nicht weiter auf. Ich wusste jedenfalls, dass ich die Jungs, die vor mir saßen, mit etwas anderem beeindrucken musste, wenn ich ihre Aufmerksamkeit wollte. Aber das wollte ich gar nicht, ich hatte mich schließlich nur hierher geschlichen, ich war eigentlich gar nicht da, das hier war kein Ort, wo ich an etwas teilhaben konnte. Ich war klein, hatte kaum Brüste, starrte andere Brüste an und war nicht berechtigt, mich wie ein Mann in einem Pornokino aufzuführen, ich war nicht erregt, konnte mit niemandem über die Peinlichkeit des Films lachen und musste mir gleich die ganze Nacht in Wiesbaden um die Ohren hauen, weil meine Eltern dachten, ich übernachte woanders. Tja.

Irgendwie war der Film nicht so inspirierend gewesen, er hatte mich in meinem gerade erwachtem feministischen Bewusstsein eher verwirrt, weil ich nicht wusste, ob er nun sexistisch war oder nicht. Ich würde aber auch drei Jahre später noch darüber verwirrt sein, dass die Sängerin von Bratmobile sich plötzlich umdrehte und anfing, burlesk mit ihrem Hintern zu wackeln, waren sie doch Heldinnen der feministischen Riot Girl-Bewegung. Doch ich war beruhigt, gesehen zu haben, dass Turas Brüste hingen und nicht geradeaus schauten, wenn sie nicht von ihrem Wunder-BH gehalten wurden. Sie waren groß und hingen, wie bei Tante Elsbeth. Es gab da kein Geheimnis.

Nachdem Tura mehrere Menschen ermordet hatte, darunter zu meinem Verdruss auch zwei Frauen, verließ ich den Kinosaal. Es war warm und ich dachte, ich könnte im Park übernachten. Vorher wollte ich aber noch etwas herumlaufen, um wirklich müde zu werden. Ich kam an einer Lesbendisko vorbei. Brustlose Menschen mit kurzen Haaren und Vagina. Wer war jetzt cooler, Tura oder die Lesben? Ich brauchte keinen BH. Meine Mutter hatte mich auch nie damit genervt, dass es nun Zeit war, mir einen zuzulegen, anzulegen. Meine Mutter sagte immer, dass ihre Brüste die perfekte Größe hatten. Wenn sie sie brauchte, waren sie da, wenn sie sie nicht brauchte, störten sie sie nicht.

Nachdem ich eine Weile vor der Lesbendisko herumgelungert und mich doch nicht reingetraut hatte, suchte ich eine Parkbank und legte mich hin. Ich dachte daran, wie es sich wohl anfühlen würde, wenn meine Brüste so groß wären, um in dieser Liegestellung rechts und links von meinem Körper herunter zu hängen, wie ich das bei Tura gesehen hatte. Ich würde es wohl nie erfahren.

MEIN TOP-SECRET-TAGEBUCH

Allison Williams

März 05 Seit zwei Wochen bin ich jetzt schon ein Teenager. Das wird ein großes Jahr für mich, genauer, für meine Brüste. Sie werden nämlich kommen. Meine Tage interessieren aber weniger. Hört sich komisch an, oder? Klar, ich will meine Tage haben. Ich will zwar nicht die Letzte sein. Aber tagelang bluten? Und gleichzeitig essen, busfahren und einkaufen? Wie komisch! Wer hat sich das bloß ausgedacht?

März 06 Es ist so unfair. Jeder behandelt mich wie ein Kind. Genauer gesagt: die Leute, die mich kennen, behandeln mich wie ein kleines Mädchen, obwohl sie es doch besser wissen sollten. Und die Leute, die mich nicht kennen, denken, dass ich ein JUNGE bin, weil ich so klein bin. Ich bin fast eine Erwachsene und kann bald Kinder kriegen. Und trotzdem nennt mich der Mann an der Eistheke „der kleine Bursche." Ich hätte heulen können, aber statt Tränen tropfte dickes Schokoladeneis über mein T-Shirt.

März 07 In der Schule habe ich jetzt jeden Tag Binden dabei, man kann ja nie wissen. Ich warte ja schon so lange auf sie. Über das Schwimmen mache ich mir jetzt auch Gedanken, weil ich eine verantwortungsvolle Erwachsene bin. Könnte es nicht sein, dass Sperma im Schwimmbecken durch meinen Badeanzug kommt und ich schwanger werde? Vielleicht bin ich es schon. Das Biologiebuch sagt, bei den Jungs tropft das Zeug die ganze Zeit, ohne dass sie es wissen. Ich werde nur noch mit geschlossenen Beinen schwimmen – alles andere ist einfach zu riskant. Die Jungs müssen sich um so etwas keine Sorgen machen. Die platschen einfach so herum.

März 09 Heute war ich nach der Schule bei Susanne. Früher habe ich viel mit ihrem Bruder gelacht. Der war ganz nett. Aber jetzt ist er immer in seinem Zimmer und lässt sich nicht blicken. Susanne meinte, er bestellt Muskelaufbaudrogen übers Internet. Sie hat was im Fernsehen darüber gesehen. Susanne hat so ein Glück. Sie hat einen BH, sie hat ihn mir gezeigt. Eigentlich ist sie meine beste Freundin, aber im Moment hasse ich sie. Ich habe nichts außer Rippen. Man sagt ja, die Frau wurde aus einer Rippe gemacht, aber nur Rippen? Ich bin nicht niedlich, ich bin nicht sexy. Warum bin ich das nicht?

März 11 Heute sind wir zu der Hochzeit meiner Cousine in zwei Monaten eingeladen worden. Ich darf eine Brautjungfer sein! Ich freue mich so! Ich bekomme ein Kleid, das extra für mich bestellt wurde. Hoffentlich werde ich nicht wie ein lange Bohne darin aussehen. Bis zur Hochzeit muss ich unbedingt Brüste haben.

März 12 Was stimmt nicht mit mir? Es ist so furchtbar. Ich dachte immer, Brüste würden einfach wachsen. Aber was ist, wenn das nicht passiert? Vielleicht könnte ich auch Medizin bekommen, damit sie wachsen. Aber in der Schule gibt es auch Mädchen, die riesige Brüste haben. Die sind schon Frauen. Es ist wie eine „geschlossene Gesellschaft“, in die ich nicht eintreten darf. Tanjas sind so groß, dass sie beim Rennen ihre Arme verschränkt, damit sie nicht herum hüpfen.

März 16 Heute hat Mama eine Schneiderin gefunden, die das Kleid für die Hochzeit näht. Mama wollte die Maße nehmen. Aber ich habe es lieber selber gemacht, weil ich denke, es wäre gut, wenn es auch noch passt, wenn ich meine Brüste bekomme. Also das Kleid muss etwas größer sein, als ich jetzt bin. Sonst wird es nachher zu klein sein. Gut, dass ich an so etwas denke. Also habe ich die Schneiderin angerufen und jetzt glaubt mindestens ein Mensch auf dieser Welt, dass ich 36D habe. Jetzt muss ich nur noch wachsen und alles wird perfekt sein! Ich bin sicher, dass es klappen wird.

März 19 Ich habe entschieden, spezielle Brustwachstumsübungen zu machen. Wenn ich die Achseln verkrampfe, sieht es so aus, als ob ich Brüste hätte. Auch im Schwimmbad mache ich das, außer wenn ich unter Wasser bin. Nach einer Weile tut es weh. Und ich muss daran denken, nicht gleichzeitig meine Zähne zusammenzubeißen.

März 23 Heute haben wir den Körper gezeichnet. All die Muskeln sehen so ekelig aus. So schleimig und rot. Warum waren die Brüste auf dem Schulmodel nicht zu sehen? Was ist, wenn alles, was die in Biologie erzählen, wahr ist? Ich kann es nicht glauben, dass ich all diese komischen Sachen in meinem Körper habe. So wie diese riesigen Eileiter. FREAKY. Warum wissen andere Leute mehr über mich als ich? Was wissen die noch, was ich nicht weiß?

März 26 Einige der Jungs lieben Tanja. Sie starren sie die ganze Zeit an, weil sie so große Brüste hat. Dann werden die Jungs rot im Gesicht. Ich möchte auch Brüste haben, die die Jungs durcheinander bringen. Und Robert, der in mich so verliebt war, guckt mich nicht mal mehr an.

März 30 Heute war endlich mal die Gelegenheit, Mama zu bitten, mir einen BH zu kaufen. „Einen BH? Warum?" fragte sie erstaunt. Na, um Lenkwaffen hochzustarten, natürlich.

April 03 Niemand versteht mich. Meine Eltern werden mir auch nie erlauben, ihre Kreditkarte zu benutzen, um mir Muskelaufbaudrogen zu besorgen. Aber sie müssen doch auch wollen, dass ich normal bin und nicht ein brustloser Freak bleibe. Manchmal liebe ich sie so sehr, dass es weh tut. Aber manchmal hasse ich sie auch dafür, dass sie nicht verstehen, dass ich auch normal sein will. So wie andere.

April 07 War bei Susanne. Sie weiß nicht, ob sie ihre Tage bekommen hat oder nicht. Vor einigen Monaten hat sie sie gehabt, und dann nicht mehr. So was habe ich noch nie gehört. Aber Körper sind einfach komisch. Sie meinte, dass das Blut nicht rot war. Nicht rot? Was war es sonst? Im Badezimmer habe ich eine ihrer Damenbinden probiert. Das war wie ein Surfbrett zwischen den Beinen. Wie läuft man damit?! Es ist alles Plastik und quietscht wie eine Windel. Ekelhaft. Nein, nein, nein, das ist nichts für mich. Und was ist mit Tampons? Die sehen so hart aus.

April 08 Heute haben sich einige Jungs über Paul lustig gemacht. Sie haben gesagt, dass er große Brüste hat. Na ja, die sind eigentlich klein, aber immerhin größer als meine. Ich hätte sie gerne, aber ich würde nicht gern so dick sein wie er. Er war total traurig. Sie machen sich immer über ihn lustig. Aber vielleicht wird mir das auch passieren, wenn mir keine Brüste wachsen? Ich habe noch 50 von meinen „B"-Übungen gemacht. Wenigstens werde ich bald muskulöse Arme bekommen, wenn schon sonst nichts anderes.

April 13 Ich möchte Hüften und glatte Kurven bekommen, sodass die Jungs mich auch mögen. Ich habe mich immer so gut verstanden mit den Jungs, aber jetzt sind die abgelenkt und glotzen nur die Mädchen an. Natürlich nur die mit Brüsten. Über die Sommerferien haben sich einige der Mädchen ziemlich verändert. Ich sehe sie auch an. Sie sind wie Schwäne. Ich könnte sie für immer anschauen. Ich hasse sie. Ich bin noch keine Prinzessin. Und ich weiß auch nicht, wie ich noch eine werden kann. Wachsen! Hörst du mich, Körper? Gehorche mir! Wieso hört mein Hund auf mich, aber nicht mein Körper?

April 17 Heute hat Tanja sich beschwert, dass jeder ihre Brüste anstarrt. Ich tue es auch, aber ich habe natürlich nichts gesagt. Sie hat so ein Glück und weiß es noch nicht mal. Die Jungs wollen IMMER mit ihr alleine sein. Auch ältere Jungs, wie Sam. Es ist so unfair! Vielleicht bin ich ein Spätentwickler. Vielleicht bin ich einer von diesen Menschen, die immer die letzten sind. Ich dachte immer, solche Menschen sind doof. Aber jetzt bin ich einer davon. Ich dachte immer, ich bin ein besonderer Mensch. Aber jetzt wäre ich so gern normal, durchschnittlich. Endlich habe ich Mama gefragt, ob ich vielleicht vom Schwimmen schwanger bin. Sie guckte ganz komisch und fragte mich plötzlich, ob ich etwas mit Jungs gehabt hätte. Sex? Yuck! No WAY!

April 27 Irgendwas passiert! Die wachsen! Nur ein bisschen. Und es tut WEH, ist das ein gutes Zeichen? Vielleicht doch. Es ist wie bei den Mädchen, die Bauchschmerzen haben, wenn sie die Tage haben. Komisch.

Mai 14 Ich will Sportwissenschaftlerin werden. Wegen der Übungen. Meine Brüste sind so weich. Ich dachte, sie werden hart sein, wie bei den Barbies. Eine ist etwas kleiner als die andere! Und endlich habe ich einen BH. Ich habe nicht gewusst, dass er so kratzen würde. Entweder ist er zu eng oder zu locker. Es ist komisch, darin herum zu laufen, wie ein Soldat in einem Fallschirmgurt. Oder wie James Bond mit seinem Pistolenhalfter unter der Jacke. Ich fühle mich wie ein Detektiv! Ich könnte alles mögliche da reinstecken. Und es gibt immer noch Platz. Ich kann ihn immer noch nicht alleine schließen. Da brauche ich noch Übung.

Mai 20 Heute, als ich in das Klassenzimmer lief, öffnete sich mein BH plötzlich! Ich hoffe, niemand hat das gesehen. Langsam, mit dem Rücken zur Wand, ging ich zur Toilette. Ich habe ziemlich viel Zeit da in der Kabine gebraucht, bis ich mich wieder zusammengeschnürt hatte. Aber was wäre gewesen, wenn es während des Unterrichts passiert wäre?

Mai 24 Ich bekomme HAARE. Ja, DORT. Es sieht komisch aus. Es sieht ekelig aus. Ich bin ein Monster. Ich wollte sie so sehr. Ich dachte, ich bekomme diese ganzen erwachsenen Sachen und es wäre wie Weihnachten, aber es ist mehr wie Halloween...

Mai 25 Einer der Jungen aus einer höheren Klassen hat mich gefragt, ob ich nicht zu jung bin für einen BH. Es war mir so peinlich. Alle haben gelacht. Auch Robert. Ich hasse ihn. Ich rannte zur Toilette. Ich war ganz lange in der Kabine. Ich dachte, ich bleibe einfach da im Dunkeln, wo mich niemand mit meinem komischen Körper sieht. Wo mich niemand auslacht und mich niemand ignoriert. Als wenn ich einfach weg wäre. Ich habe auch ein bisschen geweint. Aber dann hörte ich in der Nachbarkabine jemanden, der sich übergibt, und dann hörte ich Weinen. Ich wollte erst etwas sagen, aber dann dachte ich, sie will vielleicht alleine sein. Wir saßen beide da. Jede für sich, alleine im Dunkeln, nur zehn Zentimeter voneinander entfernt. Ich stand am Waschbecken, als sie ging. Später habe ich sie im Flur gesehen, sie hat mich kurz angelacht, als ob wir ein kleines Geheimnis hätten.

Mai 27 Es KRATZT (die Haare). Niemand hat mir etwas davon erzählt. Ich war mit Tante Bettina einkaufen, und sie meinte, ich solle mich nicht mehr kratzen, ich sähe aus wie ein Gorilla! Ich konnte mich erst kratzen, als Tante Bettina mal wegguckte, zu den Schuhen, die im Ausverkauf waren. Ich konnte mich auch nicht aufs Einkaufen konzentrieren. Ich konnte nicht mehr normal laufen. Wie soll das alles weitergehen?

Mai 30 Oh mein Gott. Heute habe ich das Kleid für die Hochzeit anprobiert. Ich wollte wie ein Star aussehen. Aber es war oben viel zu weit, und die Schneiderin hat mich angeschaut und gesagt, dass ich keineswegs 36D hätte (ich hatte sie ja auch angelogen). Sie sagte, dass sie es noch mal ändern würde. Ich wäre am liebsten gestorben. Ich wurde so rot wie das verdammte Kleid. Ich will sie nie wieder sehen.

Juni 14 Heute ging ich mit Susanne in einen Jugendklub. Ich wollte ja schon lange dahin und endlich durften wir. Wir waren fast die Jüngsten dort. Ich dachte immer, dass alle aus unserer Klasse dort sein würden. Wir standen da auf der Tanzfläche, dann wollte ich uns eine Cola holen, also bin ich kurz weggegangen. Neben den Klos habe ich Karl gesehen. Er rauchte, und wir haben kurz geredet. Ich kenne ihn nicht gut. Manchmal ist er nett und manchmal gemein. Und plötzlich hatte er mich kurz geküsst, auf den Mund! Ich war überrascht und wusste nicht, was ich tun sollte, weggehen oder da bleiben. Er roch nach Schweiß und Rauch. Dann ging er weg, und ich habe mir das Kinn trocken gewischt. Aber es war auch interessant. Ich ging dann wieder zu Susanne zurück. Dann sah ich das Mädchen von der Kabine auf der Schultoilette. Sie hat gelacht! Sie hatte es scheinbar gesehen! Dann war ich stolz. Aber wenn andere davon hören, sagen sie vielleicht, „die ist leicht herumzukriegen“? Ich fühlte mich schmutzig und dumm. Blöd.

Juni 15 Haare wachsen in meinen Achseln. Ich werde in der Klasse nie wieder den Arm heben. Ich hoffe, es werden nicht mehr wachsen. Über die Haare hatte ich nie richtig nachgedacht. Hat man als Erwachsene Haare? Wieso ist es nicht schön? Männer sind haarig. Werde ich zu einer haarigen Frau? Jeder wird mich auslachen. Letztes Jahr wollte ich von meinen Körper so viel, aber jetzt ist das Ganze völlig außer Kontrolle geraten. Hilfe! Ich bin eine Geisel meines eigenen Körpers! „Ich versus der KÖRPER AUS DER HÖLLE…"

Juni 19 Heute saß ich mit Susanne beim Mittagessen an der Schule. Wie haben geredet, und ich habe in meiner Tasche nach meinem Sandwich gesucht und es auf den Tisch gelegt. Aber das weiße, weiche plastikverpackte Sandwich, das ich herausholte, war nicht mein Ei-Baguette, sondern eine Damenbinde! Susanne und ich haben Tränen gelacht. Gott sei dank war außer uns niemand am Tisch. Sie musste schwören, dass sie es niemandem erzählt. Ab jetzt bleiben die Binden zu Hause in dem Badeschrank neben der ungeöffneten Kiste Tampons. Ich würde sie gerne mit meinem nutzlosen BH nach Robert schießen.

Juni 24 Endlich war der Tag, an dem Mareike heiratete. Mit meiner raffinierten Wattepolsterung hätte das Kleid ziemlich gut ausgesehen, aber Mama hat es mir nicht erlaubt. Also sah ich aus wie die befürchtete Bohnenstange. Aber egal. Der beste Freund von Mark war auch da und er war sehr nett. Er hat mich auch heimlich angeschaut, und ich tat so, als ob ich nichts bemerken würde. Aber ich habe seinen Blick gespürt, direkt in den Brüsten wie ein Kitzeln. Meine Brüste sind immer noch nicht symmetrisch. Aber sie sind ein Frühwarnradarsystem im Mädchentarnanzug.

DIE WÜSTE GOBI

Tanja Dückers

Als ich vorm Spiegel stehe, überlege ich lange, was ich anziehen soll. Es ist Hochsommer und auch abends noch sehr schwül. Als Steffen und ich vor einem Monat in der Bar Celona waren, hatte ich ein blaues Männerhemd und die weinrote Weste an, und nachher hat er mich umarmt. Heute ziehe ich ein weißes Männerhemd und die weinrote Weste an, dazu eine abgewetzte Jeans.

Als ich vor Steffens Haus stehe, setze ich mich noch fünf Minuten auf die Stufen, um nicht überpünktlich zu sein. Endlich klingele ich, dann stapfe ich die Treppen hoch.

Steffen kommt mir schon entgegengelaufen, er ist so dünn, das hatte ich fast vergessen. Wir umarmen uns, mein Kopf an seinen Rippen. Als nächstes stolpere ich über die Fußmatte. Kaum sind wir im Flur, fallen Steffen die Schlüssel aus der Hand und er robbt neben mir auf dem Boden herum, was auch nicht vorteilhafter aussieht.

Seine Mutter ist übers Wochenende zu einem Freund gefahren, Steffen hat richtig gute Laune. Wir reden gleich sehr viel, stehen dabei die ganze Zeit im Flur herum. Wie kommen wir jetzt mal in ein Zimmer?, überlege ich, aber dafür müsste ich unseren Redefluss unterbrechen, und mir fällt bei jedem Stichwort sofort eine weitere Anekdote ein.

Zentimeterweise nähern wir uns der Küche. Steffen hat Forelle gekauft und fragt, ob ich mich von ihm bekochen lassen möchte.

Natürlich biete ich ihm meine Hilfe an, und so stehen wir fünf Minuten später eifrig zum Zwiebelschneiden mit tränenden Augen vor weißen Brettchen.

Steffen hat sich die Schürze seiner Mutter umgebunden, ein mit Brandflecken versehenes Viech, auf dem Obst- und Gemüsebilder großflächig aufgedruckt sind. Von seiner Fünfzigerjahre-Anzughose und dem schicken Jackett ist jetzt nicht mehr viel zu sehen. Er bietet mir auch eine Schürze an, aber ich verzichte.

Während wir weiter schnippeln, reden wir über Traumurlaubsziele und sind uns schnell über die Wüste Gobi einig. Barun Urta, sage ich nur. Das ist ein Wüstendorf, über das ich vor einer Weile einen Bericht im Fernsehen gesehen habe. Barun Urta habe ich auf einen roten DIN A4-Bogen geschrieben und ihn unter mein Kopfkissen gelegt.

Ich glaube, Steffen und ich wären kein schlechtes Reiseteam. Er ist nämlich auch ein Wüstenliebhaber, er liebt die leere Weite und hat wenig Drang, unter Menschen zu gehen.

Jetzt bereitet er den Fisch zu; es sieht richtig fachmännisch aus, wie er die Forelle mit Meerrettich-Sahne-Sauce einreibt und brät.

Plötzlich hält er abrupt inne. „Ich hab was vergessen!“, ruft er und stürmt aus der Küche. Eine Minute später erklingt „The Desert“ von Magic Mind. Die Kassette muss er schon vorher rausgesucht haben, so schnell ging das.

Er schaut mich länger an, als er die Küche wieder betritt. Ich lächle kurz. Und blicke wieder auf die Forelle. Während er mit dem Fisch beschäftigt ist, mache ich einen Chicoree-Salat mit Zitrone.

Steffen deckt den Tisch. Weinrote Servietten, bauchige Gläser, er fördert eine Flasche Rotwein zutage. Kerzen gibt's auch. So hat mich ja noch nie jemand bewirtet ... obwohl ich doch schon in die neunte Klasse gehe.

Wir setzen uns, stoßen an. Ich sage Steffen ein Gedicht auf, das aus den Namen von fünfzehn asiatischen Flüssen besteht, ein Lautgedicht. Er lacht, dann denken wir uns gemeinsam noch ein Europa-Fluss-Gedicht aus, aber ich habe das Gefühl, dass Steffen nicht ganz bei der Sache ist. Ständig fragt er mich, wie mir das Essen schmeckt und ob ich noch ein Glas Wein möchte. Wenn ich ja sage, gießt er es mir bis knapp unter den Rand voll. Mir ist schon ganz dösig.

Nach dem Essen stehen wir einen Moment unschlüssig vor den dreckigen Tellern. Wie schnell sich so ein mühevoll zubereitetes Mahl in einen bekleckerten Tisch mit zerknüllten Servietten, der glänzende Fisch in einen abstoßenden Grätenhaufen verwandelt hat... Ich bin schon ganz müde von dem Wein, ich kann keinen Gedanken mehr zu Ende denken, eigentlich wäre mir jetzt danach, nach Hause zu gehen.

„Hast du Lust, noch ein paar Platten zu hören?"

Irgendetwas in Steffens Blick macht es mir schwer, nein zu sagen. Seine Augen ruhen so auf mir. Ich zucke die Schultern, sehe, wie Steffen bei dieser Geste zusammenzuckt.

„Okay", sage ich gedehnt, „bin aber etwas müde vom Wein."

„Na, wir können ja auch bald schlafen gehen."

Ich nicke.

In Steffens Zimmer brennt schon eine Kerze. Eine weinrote, wie sie auch auf dem Esstisch stand. Sein Zimmer sieht sonst sehr nüchtern aus: Schreibtisch, Ordner in Anthrazit, seiner Lieblingsfarbe. Sofa, Kissen, Bettzeug – alles anthrazit.

Steffen stellt jetzt eine neue Jazzplatte an; bei dieser zwar angenehm gleichtönigen Musik sinkt mir das Kinn gleich auf die Brust. Ich reiße mich zusammen, erzähle irgendetwas über die Wüste Gobi und warum ich wirklich irgendwann da hinfahren will.

Steffen erzählt mir, dass die Sahara sich jedes Jahr um eine Fläche halb so groß wie Deutschland ausbreitet. Ich nicke müde. Das wusste ich auch. Hat er mir schon mal erzählt. Ich will aber in die Wüste Gobi, nicht in die Saharaaaa...

Ich bin eingeschlafen. Steffen rüttelt mich sanft wach.

„Mann, das tut mir so Leid, das hätte ich mir denken sollen, dass du nicht so trinkfest bist, Rotwein macht wirklich sehr müde, wenn man es nicht gewöhnt ist, kann ich dir einen Kaffee machen... oder lieber Cappuccino?"

Ich schüttle den Kopf. Wir schweigen beide einige Minuten.

„Wollen wir schlafen gehen?", fragt Steffen plötzlich in diese Stille hinein. Seine Stimme klingt unsicher.

Ich spüre, wie er auf eine Antwort wartet. Ich überlege. Eigentlich kann ich nicht sonderlich gut bei anderen Leuten schlafen. Ich blicke mich um. Vor dem Ofen steht sein anthrazitfarbenes Bett, gegenüber die anthrazitfarbene Couch. Die Couch sieht groß und nicht unbequem aus. Auf den langen Nachhauseweg habe ich jetzt keine sonderliche Lust. Ich bin so müde, dass ich auf der Stelle wieder einnicken könnte.

„Hm, ja gut", meine ich kurz.

Plötzlich wird Steffen ganz aufgeregt, bläst die Kerze aus und zündet sie wieder an, lüftet, dann schlägt er das Fenster heftig zu, sinniert ewig, welche Platte er auflegen soll, und entscheidet sich schließlich für das „Concert for Bangladesh" von George Harrison.

Ich hieve mich auf die Couch, baumle ein paar Mal mit den Füßen, bis meine locker zugebundenen Turnschuhe einfach abfallen, dann starre ich an die Decke.

Ich denke an Laura und an Annie. Schon vor einem Jahr hat Laura mit einem Typ, den sie im Urlaub kennen lernte, Petting gemacht. Er wollte dann mit ihr schlafen, das war ihr „too much". Doch ihre Petting-Erfahrungen hat sie mir im Detail beschrieben. Und geknutscht hat sie schon. Annie und Christina nehmen beide die Pille, das weiß jeder. Bei Annie hängt sogar im Bad ein rosafarbenes Plexiglasschildchen: „Vergiss die Pille nicht!" – ein Geschenk von Christina.

Ich starre an die Wand. Im Hintergrund höre ich jetzt das Quietschen schwerer Schubladen. Steffen zieht mit aller Kraft an den Griffen einer riesigen Kommode, dem einzigen Holzmöbel in seinem Zimmer. Endlich gibt die Schublade nach, Steffen knallt auf den Hintern. Ich verkneife mir so eben noch ein Lachen.

Steffen ist wirklich das Gegenteil von sportlich; ich erinnere mich, wie wir Mädchen einmal am Hubertusplatz vorbeikamen, wo die Jungs gerade 1000-Meter-Lauf machen mussten. Steffen war der Vorletzte, eine halbe Bahn hinter dem Pulk der um die ersten Plätze Rangelnden. Er machte riesige, ausladende Schritte, seine anthrazitfarbene Jogginghose schlotterte ihm um die Beine, aber er kam nicht sonderlich gut voran.

Doch dann tat er etwas, was mich beeindruckte: Er blieb einfach stehen. Winkte Herrn Toller zu, tippte sich einmal ironisch-servil an die Stirn wie bei der Armee und stapfte aufatmend zu den Bänken. Während die andern sich weiter abstrampelten und gegenseitig beim Laufen zu behindern versuchten, was Herrn Toller nur mühselig mit Herumbrüllen zu unterbinden gelang, blinzelte Steffen in die Sonne und killte eine Tüte Gummibärchen.

Jetzt steht er mit einem Gewölk aus weißem Bettzeug vor mir.

„Willst du... hier auf dem Sofa schlafen?“

Ich zucke mit den Schultern. Steffen zuckt auch mit den Schultern. Ich nicke, Steffen nickt auch. Dann legt er mir das Bettzeug zu Füßen.

Und jetzt sollte ich mich ausziehen. Ich kriege einen Schreck. Ich habe gar kein T-Shirt unter dem Hemd an, es war sehr warm heute. Aber mit dem Hemd will ich auf keinen Fall schlafen, dann zerknittert es total und ich hasse Bügeln. Meine Mutter bügelt nie, aber ich will schließlich nicht so aussehen wie sie. Mir bleibt also nichts anderes übrig, als mit nacktem Oberkörper zu schlafen.

Ich denke immer noch, dass Steffen und ich uns näher kommen sollten, weiß aber nicht wie. Es einfach sein zu lassen, kommt mir dumm vor, dann werde ich nie erwachsen. Schließlich drehe ich mich immerhin nicht mit dem Rücken, sondern im Profil zu Steffen, als ich mein Hemd ausziehe.

Ich beobachte ihn aus den Augenwinkeln. Eingeknäult liegt er im Bett, ich erkenne einen anthrazitfarbenen Schlafanzug. Nun schlüpfe ich aus meiner abgewetzten Jeans, überlege zu lange, ob ich sie ordentlich zusammenfalten soll, weil alles in Steffens Zimmer so aufgeräumt aussieht, oder ob ich die Hose lieber lässig am Boden liegen lasse. Am Ende lege ich die Hose betont unordentlich auf die Sofalehne. Dann falte ich das Laken auf, bevor ich mich unter die schwere Bettdecke lege.

Plötzlich springt Steffen wieder auf, wieselt zur Anlage, „The Desert“ von Magic Mind erklingt noch einmal. White Saaaand... Steffen liegt in seinem Bett und lauscht, ich liege auf der Couch und sauge die Musik sehnsüchtig auf. Die Kerze brennt langsam herunter, ich sehe weinrote dicke Tropfen wie Tränen auf den Halterrand rinnen.

Steffen fragt mich jetzt, ob ich schon mal ohne Eltern verreist bin. Und gleich reden wir wieder, ich fühle mich immer noch müde, aber so in der Horizontale halb dösen, halb reden fällt mir nicht schwer. Wir reden und reden. Zwischendurch gähnen wir beide lautstark, quasseln aber hartnäckig weiter.

Ich frage mich, wie Laura das angestellt hat, diesem Ingo auf Spiekeroog näher zu kommen. War er einer von den Dreisten, hat er im Gespräch ihre Hand genommen, oder hat sie ihm eine Strähne aus dem Gesicht gestrichen? Mir jedenfalls schien in den vergangenen sechs Stunden keine solche Gelegenheit gekommen zu sein.

Irgendwann muss ich, gelöst durch den Wein, doch einfach eingeschlafen sein. Jedenfalls fahre ich erschrocken hoch, als ich Steffens Gesicht plötzlich über mir sehe. Er hockt neben der Couch auf dem Boden, ist aber so groß, dass er selbst in dieser Position noch meine Läuse zählen könnte. Schlaftrunken blicke ich ihn an, wahrscheinlich sehe ich verquollen, nicht verführerisch aus. Ob er jetzt wohl trotzdem mein Gesicht streicheln, meine Haare berühren wird?

Nichts passiert. Er sitzt nur da und guckt mich lieb an.

Ich grinse. Er grinst auch.

„Kannst du nicht schlafen?“, frage ich hirnrissigerweise.

Steffen schüttelt den Kopf. „Nicht, wenn du hier liegst.“

Seine Stimme zittert leicht.

Ich nicke wieder. Weiß nicht, was ich sagen soll. Ich kann schlecht zustimmen, da ich ja nun mal eingeschlafen bin, und übergangslos an unser Wüstenthema von vorhin anzuknüpfen, käme mir auch blöd vor.

Steffen starrt jetzt nicht mehr mich an, sondern seine Füße. Gänsehaut. Ich sollte irgendetwas sagen.

„Wollen wir noch mal ‚The Desert' hören?", frage ich schließlich.

„Ja!"

Steffen springt auf und läuft zur Anlage. Wieder erklingt „Magic Mind".

„Stört es dich, wenn ich mich... neben dich lege?"

Steffen hat zu seinen Füßen gesprochen.

„Eh... eh", mache ich. Soll nein heißen.

Steffen schiebt sich jetzt neben mich auf die Couch, es ist für zwei Leute äußerst eng, seine Hüftknochen stoßen mir in die Seiten und die Schultern sind auf Höhe meiner Lippen. Seine Füße baumeln, glaube ich, im Freien. Ohne uns weiter zu rühren, hören wir jetzt die Platte.

Ein paar Mal muss ich mich anders legen, weil mir ein halbes Bein, ein Arm oder eine Hand eingeschlafen ist, auch Steffen ruckelt hin und her. Vom Bauch auf den Rücken und umgekehrt.

Mir kommt alles plötzlich so idiotisch vor, wie wir uns hier nebeneinander abquälen. Aber ich muss an Laura und Annie denken, wie sie an meinen Lippen hängen würden, wenn ich auf dem Schulhof von einer knisternden Nacht berichten könnte. Schon sehe ich mich auf dem Hof meinen Kakaotrunk in lässigem Bogen in einen Mülleimer werfen und schnauben: „Bin noch voll im Hormonrausch von gestern Nacht, hab Zuckerwatte in den Adern" – oder wie beschreibt man das dann?

Ich hebe meinen Arm, er fühlt sich bleischwer an, und – lege ihn auf Steffens Brust. Plumps. Zwei Sekunden passiert nichts, dann wälzt sich Steffen plötzlich auf die Seite, wobei er meine Hand unter sich begräbt, und umgreift mich.

Das fühlt sich so an, als ob einem ein knochiger Kleiderständer in die Arme fällt. Er hält mich total fest, nichts weiter passiert. So verharren wir eine Weile, bis auch diese Position äußerst unbequem wird.

Dann spüre ich etwas Nasses, Kaltes auf meiner Stirn. Das Etwas bewegt sich über meine Nase. Thorsten, den ich beim Fangenspielen auf dem Schulhof auf den Mund geküsst habe, hatte runde, weiche Lippen, eigentlich fand ich es schade, dass wir uns nur beim Fangen geküsst haben, aber dieser Mund hier ist schmal und kalt.

Jetzt ist dieser Mund auf meinem und unsere Münder verharren eine Weile in dieser Position. Dann rutscht er an meinen Hals, wo er hier und da saugt, was weh tut, und ich merke, da steckt Kraft in diesen kleinen, festen, kalten Lippen.

Jetzt wandert der Mund über meine Schultern, kriecht meine Brüste wie ein Bergsteiger hinauf. Und schnauft. Meine Brüste fühlen sich bei der Berührung mit diesen hastigen, entschlossenen Lippen so anders an als sonst – so, als würden sie nur ihm, Steffen, gehören, Land unter seinen Schritten, nicht mehr meines... Ich liege jetzt einfach nur noch still da und beobachte, was dieser Mund so tut. Ich gucke mir einen Film an, in dem ich die wichtigste Nebenrolle spielte. Der Mund zieht mit den Schneidezähnen an meinen Brustwarzen, die härter werden. Das scheint dem kleinen Mund zu gefallen, er rupft fester, bis ich „Au“ schreie. Plötzlich guckt Steffen mich wieder an. Mir war, als wäre er gar nicht mehr da gewesen, nur noch dieser Mund. Steffen lächelt etwas unsicher, aber warm.

„Sorry, ich wollte dir nicht wehtun.“

„Schon gut.“

Ich glaube, Steffen ist mir sympathischer als dieser Mund. Kaum habe ich diesen Gedanken gefasst, verschwindet er schon und der Mund ergreift wieder Besitz von mir. Klettert herum, knabbert, leckt, beißt, ist mit sich und seinen Eindrücken beschäftigt.

Ich blicke derweil auf Steffens zitternde Füße am Ende der Couch. Die Gänsehaut auf ihnen. Kommt in Wellen. Klingt wieder ab und breitet sich erneut aus. Jetzt wandert der kleine kalte Mund weiter. Über meinen Bauchnabel. Den kann er nicht auslassen, ohne einmal kurz, aber zu fest seine Zunge da reinzustecken. Neugieriger Mund. Gieriger Mund. Abenteuerfahrt. Eroberungstour. Wüstendurchquerer. Pionier. Lonely Wolf.

Jetzt sind da noch Hände. Lang, dünn und ebenfalls kalt gleiten sie über meinen Körper, während der Mund wieder am Bauchnabel herumzupft. Kalte Fingerkuppen auf den Brustwarzen, kühle Ballen über meinen Rücken, an meinem Po. Jetzt unter meinem Po. An meiner Scheide. Unruhig staksen sie herum, erkunden das Gelände, ziehen an den einzelnen Häutchen, als würden sie Stoffe aus einem Regal rupfen. Dann wandert ein ausgestreckter Zeigefinger in meine Scheide, wobei sein Nagel schmerzhaft in meine Schleimhaut stößt. Ich versuche mich wegzudrehen. Der Mund beißt immer fester in meine Brustwarzen. Steffen scheint mit der ausklingenden Musik verschwunden zu sein.

Mir bricht der Schweiß aus, still, klebrig und ängstlich sammelt er sich in meinen Handinnenflächen. Steffen hängt jetzt über mir, seine spitze Hüfte bohrt sich in meinen Bauch. Und etwas anderes, Hartes, Unnachgiebiges drängt an meinen Körper. Pioneer, Flagge hissen, Duftmarke hinterlassen, allein im neuen Land.

Plötzlich blickt Steffen auf und schaut mich lange an.

Ich gucke kurz zu ihm hoch, ziehe die Stirn in Falten. Da beginnt er, mit einer Hand mein Gesicht zu streicheln.

„Jana, ich – bin – so – glücklich."

Ich überlege. Weiß nicht, was ich sagen soll. Ich fühle mich gerade nicht so wohl, denke schon wieder, warum bin ich nicht einfach nach dem Essen gegangen?

Mir gefallen Steffens Haare nicht, blond und zu kurz geschnippelt, die weiße, talgige Kopfhaut darunter. Er riecht auch komisch, nach seinen Anzügen, wenn ich diesen Geruch beschreiben könnte, würde ich sagen: staubig.

Steffen blickt mich immer noch an. Unsicherheit breitet sich auf seinem Gesicht aus.

Ich sollte etwas sagen. Ich habe es fertig gebracht, meiner Mutter an den Kopf zu werfen, dass ihr Monolog über winterharte Balkonpflanzen eine akustische Beleidigung ist, aber Steffen klarzumachen, dass ich mich nicht mehr so wohl fühle wie vorhin, als ich ihm noch von den Lehmhütten in Barun Urta erzählte, schaffe ich nicht.

„Küss – mich", flüstert Steffen. Spatzenstimme.

Ich blicke skeptisch auf die schmalen Lippchen über mir.

Augen zu und durch. Jetzt hängen unsere Münder wieder ewig aufeinander. Mir wird richtig langweilig. Da fängt Steffen an, mit seiner Zunge über meinen Mund zu schlabbern, in die Mundwinkel zu lecken, dann steckt er sie in meinen Mund, scheint danach aber nicht mehr weiter zu wissen und lässt seine Zunge einfach eine Weile in meinem Mund liegen. Pausenbank. Parkplatz.

Plötzlich fängt er an, wild herumzurühren, irgendwie geraten ein paar Essensreste aus seinem Mund in meinen und mich überkommt ein Würgereiz. Steffen bzw. die Zunge scheint von alledem wenig mitzubekommen, im Gegenteil, sie rührt, was das Zeug hält. Vor meinen Schneidezähnen und dahinter, über und unter meiner Zunge, einsamer Pionier. Steffen und ich latschen mit East-Pak-Rucksäcken irgendwo durch die Wüste Gobi, während unsere Münder hier Gymnastik treiben.

Ich schmiere den kalten Schweiß meiner Hände an das schwere Bettdeckengewölk, dann setze ich mich abrupt auf. Steffens Scharniere knacken und knirschen, er rappelt sich hoch – gezwungenermaßen.

Ich stehe auf, ziehe meine Unterhose zurecht, suche meine Klamotten auf dem Boden.

Dann fällt mir ein, dass ich die Jeans extra unordentlich auf die Lehne gelegt habe, da ist sie aber nicht mehr. Von Steffens Gänsehautfüßen runtergestrampelt.

„Soll ich dir helfen?"

Steffen blickt mich suchend und ein bisschen unglücklich an. Ich verspüre kein Mitleid. Die Kerze in ihrem warmroten Lichtschein kommt mir plötzlich absurd vor. Als hätte sie meine Gedanken gelesen, fängt sie sofort an, bedrohlich zu flackern.

„Gott, sieht das hier aus!“, sagt Steffen in die Stille mit einem sichtlich zufriedenen Tonfall. Er deutet schmunzelnd auf meine überall verstreut liegenden Kleidungsstücke. Als hätte er mir die Sachen wild vom Leib gerissen.

Mir bleibt nichts anderes übrig, als die Sachen, die „verkohlte Glut“, nacheinander einzusammeln und anzuziehen, wobei Steffen mir plötzlich schmachtende Blicke zuwirft.

„Jana“, sagt er plötzlich, mit Betonung auf der letzten Silbe. Ich befreie einen Strumpf von anthrazitfarbenen Flusen.

Endlich stehe ich in der Tür, da ist Steffen schon wieder ein Häufchen Elend.

„Jana!“ Steffen umfasst mich mit dünnen, gespreizten Fingern.

„Dräng mich jetzt nicht... merkst du nicht, dass es mir nicht gut geht und ich Ruhe brauche?“

„Ja, natürlich, ich bin ein totaler Egoist, es tut mir so Leid! Soll ich dir ein Taxi rufen?“

„Ja, bitte.“

Steffen hastet zurück in den Flur, raschelt in einem Adressbuch, wählt. „Sie kommen in fünf Minuten!“, ruft Steffen mir stolz über die Schulter zu.

„Okay, dann geh ich schon mal runter.“

Während ich die ersten Stufen nehme, kehrt langsam Energie in mich zurück.

„Warte doch! Ich begleite dich – ich lass dich doch nicht da draußen allein auf der Straße stehen!“

Auch das noch.

„Steffen, das ist nicht nötig, du musst dich jetzt nicht extra anziehen!“

Zu spät. Schon steht Steffen in schwarzem Rolli und grauer Jeans vor mir. Dann fällt ihm ein, dass er noch auf Strümpfen ist.

Nachher verpasse ich mein Taxi wegen seiner Garderobe.

Endlich latschen wir die Treppe hinunter. Steffen legt von hinten eine Kralle auf meine kleine Schulter.

Unten steht das Taxi.

Ich reiße mich zusammen und gebe Steffen einen Kuss auf den Mund. Er saugt sich gleich wieder an mir fest, aber diesmal unterbinde ich das sofort, deute auf das Taxi. Und weg bin ich.

„Wo geht's denn hin, Fräulein, zu so später Stunde?“, fragt mich der graue Schnauzbart vor mir augenzwinkernd.

„Nach Barun Urta“, murmele ich leise.

„In die Schillerstraße“, sage ich laut.

PUBERTY

PUBERTY IS ONE SURPRISE AFTER THE OTHER. SURPRISE VISITS BY YOUR NEW BEST BUDDY, BLOODY, WHO CAN'T WAIT TO HANG OUT WITH YOU & SIT ON YR. LAP ONCE A MONTH FOR A FEW DAYS.
SURPRISING THINGS THAT POP OUT ALL OVER YOUR BODY... ZITS AND TITS.
QUESTIONS POP UP, TOO...

POP QUIZ: WHAT IS A T-ZONE?
WHAT IS A HORMONE?
WHAT IS A G-ZONE?
WHAT IS A CONDOME?
WHERE IS MY CLIT?

A SURPRISE YOU WEAR IN YR. UNDERWEAR!

SURPRISES IN SIZES
HEY, WHEN IS IT MY TURN?

SURPRISING HOW ROLLERSCATING WITH A PAD ON FEELS JUST LIKE SWIMMING... WHEN YOUR WET AIR MATTRESS KEEPS FLOOTCHING AWAY FROM YOU.
SWOOSH!

MARIECHEN, MARIECHEN, DU HAST WAS VERLOREN!

Käthe Kruse im Gespräch mit Camilla und Edda

Käthe *An meine eigene Pubertät erinnere ich mich gar nicht mehr so genau. Vielleicht müsste ich nur etwas länger in mich gehen und nachspüren, um Empfindungen, Ängste und Freuden dieser Zeit hervorzuholen. Wie geht es euch? Ihr seid jetzt zwölf und dreizehn Jahre alt, habt ihr das Gefühl, ihr seid bereits in der Pubertät oder empfindet ihr euch eher noch als Kinder? Was bedeutet das für euch?*

Camilla Ich fühle mich noch nicht richtig jugendlich, besonders wenn ich die Großen an unserer Schule sehe, kindlich aber auch nicht mehr. Irgendetwas dazwischen. Ich finde das alles sehr interessant.

Edda Ich fühle mich überhaupt nicht mehr wie ein Kind. Mir geht die ganze Entwicklung viel zu schnell. Ich fühle mich zwischen den Großen nicht so klein, aber zwischen Kleineren viel größer. Jetzt wird das Leben erst richtig spannend, weil ich selbständiger bin und oft alleine unterwegs sein darf.

Käthe *Meine Menarche habe ich noch sehr deutlich in Erinnerung, weil ich so verstört und gänzlich unaufgeklärt war. Eines Morgens, ich war bereits dreizehn Jahre alt, sah ich etwas Braunes in meiner Unterhose und lief weinend zu meiner Mutter, um sie schon mal vorzuwarnen, dass ich, ohne es zu merken, „in die Hose gemacht“ hatte. Anstatt zu schimpfen, wie ich es erwartete, lächelte sie und sagte: „Kind, du hast deine Tage gekriegt.“ Habt ihr schon eure Menstruation und wie geht es euch an diesen Tagen? Wie habt ihr eure Menarche erlebt?*

Camilla In den Winterferien war ich allein zu Hause. Beim morgendlichen „großen Geschäft" war plötzlich alles rot und ich dachte, ich hätte Durchfall, doch dann wusste ich sofort, was es war. Ich rief ganz aufgeregt meine Mutter bei der Arbeit an und sie sagte mir, wo ich Binden finden könne. Anschließend rief ich meine Freundin Edda an, die sofort zu mir geradelt kam. Am Anfang hatte ich meine Blutung nur ganz leicht, jetzt wird sie immer kräftiger und ich habe starke Bauchschmerzen, fast Krämpfe. Dann lege ich mich mit Tee und einer Wärmflasche vor den Fernseher.

Edda Ich hatte meine Tage bisher erst zweimal ganz schwach. Zum ersten Mal bekam ich sie am 9. Juli 2004 in den Sommerferien. Wir waren in den Schweizer Alpen in einem Chalet ohne Toilette und fließend Wasser. Morgens beim Waschen auf der Terrasse war Blut im Waschlappen. Zuerst habe ich mir gar nichts dabei gedacht und so getan als sei nichts, bis meine Mutter es sah und sagte: „Edda, du hast ja deine Tage!" Ich wollte es nicht wahrhaben und sagte immer: „Nein, das stimmt nicht." Mir war das peinlich. Doch dann habe ich es akzeptiert, weil es ja ganz normal ist. Ich bin mit meinem Vater und meiner Schwester, ich hatte es ihnen schließlich auch erzählt, ins Dorf gegangen, um meine Freundin Camilla in Berlin anzurufen.

Käthe *Meine Mutter begann mir umständlich zu erklären, was es mit diesen „Tagen" auf sich hat und welche Binden ich in meine Unterhose einlegen sollte. Später könne ich mir Tampons kaufen, das sei praktischer, meinte sie. Im Supermarkt hatte ich keine Ahnung, wonach ich schauen musste, und griff nach einer Schachtel o.b. Dass es unterschiedliche Größen gab, wusste ich nicht. Also mühte ich mich sehr ab, um ein Tampon in mich einzuführen. Ich war total verschwitzt und verzweifelt, dass es ausgerechnet bei mir nicht funktionierte. Erst eine Freundin wusste, dass das orangefarbene „super" noch nichts für mich sei und ich das gelbe „normal" nehmen müsse. Mittlerweile gibt es noch das grüne „super plus" und das violette „mini",* *für junge Mädchen besonders geeignet. Benutzt ihr lieber Binden oder Tampons?*

Edda Binden! Einmal habe ich ein Tampon Größe „mini" ausprobiert. Das hat voll wehgetan. Danach habe ich es lieber gelassen.

Camilla Ich trage Binden und habe noch nie ein Tampon ausprobiert.

Käthe *Heute und natürlich auch schon zu meiner Zeit ist die Benutzung von Binden und Tampons sehr praktisch. Die Binden sind zum Festkleben im Slip, und die Tampons spürt man nach guter Platzierung überhaupt nicht mehr. Man kann also herrlich schwimmen gehen, wenn man seine Tage hat. Meine Großmutter behauptete immer, man dürfe sich nicht einmal die Füße waschen, während man menstruiert. In Bhutan nähen sich die Frauen ihre Binden aus Stoffresten selbst. Nach der Benutzung werden sie im Topf ausgekocht und wieder verwendet. Das können wir uns nur schwer vorstellen, aber früher war das bei uns auch so. Als meine Mutter ein junges Mädchen war, saß sie eines Tages mit ihrer Cousine, ihrer Tante und ihrer Mutter in der Küche. Tante Marie stand vom Tisch auf und verließ den Raum. Plötzlich sprang meine Großmutter auf und schrie: „Mariechen, Mariechen, du hast was verloren!", während sie eine blutige Stoffbinde wie einen Fußball in hohem Bogen in den Hausflur schoss, außerhalb der Sichtweite der beiden Mädchen. Diese lächelten sich wissend und verschämt an. Natürlich waren sie nicht aufgeklärt worden, wussten aber doch schon etwas. Eine Generation später beantwortete meine Mutter meine Fragen nach der Sexualität klar und deutlich: „Am Besten gehst du dir jetzt eine Bravo kaufen. Dort kannst du alles genau nachlesen!" Zum Glück begann in den siebziger Jahren der Aufklärungsunterricht an den Schulen und ich hatte eine hervorragende Lehrerin, Frau Mayer, die mir jede Angst vor der Sexualität nahm und von Lust, Freude und Zärtlichkeit sprach. Wie und wann seid ihr aufgeklärt worden? Lest ihr die Bravo oder andere Teenagerzeitungen?*

Camilla Natürlich bin ich aufgeklärt. Wenn ich jetzt noch mehr wissen will, frage ich meine Mutter. Ich lese keine Bravo. Früher habe ich Popcorn, Yam und Starflash gelesen. Jetzt liest Edda sie, wenn sie bei mir ist.

Edda Stimmt. Richtig aufgeklärt worden bin ich eigentlich nicht. Ich habe immer hier und da was erfahren und in Bilderbüchern über Sexualität nachgesehen. Meistens im Kindergarten. Wir wissen, wie ein Kind entsteht, wir wissen, was Sex ist und so. Orgasmus ist der Höhepunkt von Sex.

Käthe *Ich habe die Bravo mit Begeisterung gelesen, allerdings weniger um mich aufzuklären. Mich interessierten die Popstars und die Musik; die Listen der Hitparaden waren genauso wichtig wie die Klamotten und Haarlängen der Musiker. Was haltet ihr von Sängerinnen wie Britney Spears und Beyoncé? Welche sind eure Lieblingsmusikerinnen? Fühlt ihr euch durch deren Perfektion unter Druck gesetzt? Wollt ihr so aussehen und sein wie sie? Ist das ein Thema unter euch Freundinnen? Oder habt ihr andere Vorbilder, wenn ja, welche?*

Camilla Ich finde mich selber ganz hübsch und will gar nicht so aussehen wie die Stars. Ich mag die Black Eyed Peas gerne und finde die selbstbewusste Sängerin mit den drei Männern ganz toll. Meine Stimme ist eh nicht der größte Hit, doch ich möchte sowieso weder Sängerin noch Star werden. Ich möchte gerne Köchin oder Modedesignerin werden. Britney Spears finde ich total bescheuert, sie ist wie eine aufgetakelte Barbie. Beyoncé finde ich ganz in Ordnung. Allerdings muss sie sich immer so als tolle sexy Person präsentieren. Das finde ich nicht gut.

Edda Die Stars geben einem immer das Gefühl, dass man nur als Star etwas Besonderes ist. Das finde ich doof. Ihr Aussehen ist so unecht, so geschminkt. Bei uns in der Schule sehen fast alle gleich aus: geschminkt, große silberne Kreolen, Niketurnschuhe, sportliche Klamotten mit Aufschriften: I'm a girl, New York, Adidas und so weiter.

Ich mag Leute, die ihren eigenen Stil haben. Meine Lieblingsmusikerin ist Alicia Keys. Die Musik von Beyoncé finde ich gut, weil sie so soulig ist. Ich bin kein Fan von Britney Spears und finde ihre Musik nicht so gut. Aber ich will sie auch nicht runtermachen.

Camilla Die dreizehnjährige Jojo hat gerade einen Hit in den Charts, sie präsentiert sich wie eine Erwachsene.

Edda Ich frage mich, wo da das ganz normale Leben bleibt, die Kindheit, die Schule, die Entwicklung. Ich würde so etwas nicht wollen.

Käthe *Wenn ich nachdenke, fallen mir keine Musikerinnen ein, die ich als Teenager verehrt habe. Ich erinnere mich an George Harrison; seine Single „My sweet Lord" war meine allererste Schallplatte. Ich liebte die Slades und die Sweets, deren Poster hingen in meinem Zimmer über der hässlichen Birkenholzvertäfelung an der Schrägdecke. Meine absolute Lieblingsband war T-Rex. Ich bevorzugte die blonden, langhaarigen, mageren Jungs und fand es toll, wenn sie drogensüchtig aussahen; sie durften es aber nicht sein! Welchen Typ von Jungen findet ihr gut? Gibt es Musiker, die ihr bevorzugt? Habt ihr euch schon einmal verliebt oder habt ihr schon einen festen Freund?*

Camilla Der Typ ist mir eigentlich egal. Er muss schon gut aussehen. So ganz dick darf er auch nicht sein. Ich habe keine Lieblingsmusiker. Ich mag keine romantischen Schmalzer und keine Macho-Typen wie 50 Cent, die singen zwar gut, aber... Rocker wie Metallica finde ich nervig. Ich war schon zweimal verliebt, habe aber noch keinen festen Freund.

Edda Manchmal denke ich, ich stehe auf dunkelhaarige Jungs und dann doch wieder nicht. Ich finde keine Sänger besonders toll, total schlimm finde ich Sänger wie Alexander, Daniel Küblböck und die Jungs von Overground. Machos, die sich an Mädchen ranmachen, finde ich total scheiße. Einmal, eine Woche lang, war ich verliebt, hatte aber noch nie einen festen Freund.

Käthe *Meine Freundin Bärbel flirtete gerne mit Frauen. Als sie mir davon erzählte, fragte ich sie, wie es überhaupt dazu kommen kann, weil mit mir noch nie eine Frau geflirtet hatte. Daraufhin antwortete sie: „Das stimmt nicht, du hast es nur noch nie gemerkt, weil du nicht darauf achtest." Könnt ihr euch vorstellen, lesbisch zu sein? Wie würdet ihr reagieren, wenn eure Freundinnen Lesbierinnen würden?*

Camilla Ich finde das nicht schlimm, kann es mir für meine Freundinnen aber nicht vorstellen. Selber glaube ich nicht, dass ich lesbisch werde.

Edda Ich kann mir auch nicht vorstellen, lesbisch zu werden. Ich würde das normal finden, wenn eine Freundin von mir lesbisch wäre.

Käthe *Meine Jungfräulichkeit wollte ich an den verlieren, der mich wirklich liebte. Ich hatte immer Angst davor, dass ich von einem älteren Jungen, der schon 16 oder 18 Jahre alt war, ausgenutzt und nach unserer ersten gemeinsamen Nacht verlassen werden würde. Das war eine schreckliche Vorstellung. Also wollte ich warten, bis ich mir sicher sein konnte. Das habe ich auch getan. Mein erster Freund war genauso alt wie ich und wir waren schon ein halbes Jahr zusammen, ehe wir miteinander geschlafen haben. Es war für uns beide das erste Mal. Das war sehr schön und wir waren insgesamt vier Jahre zusammen. Bevor es soweit war, hatte ich angefangen, die Anti-Baby-Pille zu nehmen. Wie geht ihr mit dem Bewusstsein um, jetzt schwanger werden zu können? Macht euch das Angst oder ist es euch egal? Was wisst ihr über Verhütung?*

Camilla Mir macht das gar keine Angst. Erstens habe ich überhaupt noch keinen Freund und wenn ich dann einen habe, werde ich schon aufpassen, weil ich nicht so jung schwanger werden möchte. Ich denke, dass junge Mütter auf zu viel verzichten müssen: zum Beispiel auf das Ausgehen und die Disco, auf große Reisen, Schule und Studium. Zum Verhüten gibt es Kondome und die Pille.

Edda Mir macht das auch keine Angst. Wenn man jung schwanger werden würde, ist das Leben nicht mehr so gut, weil man sich immer um das Baby kümmern muss. Und falls man dann einen neuen Freund hat, ist der auch gleich wieder weg, weil man ja schon ein Kind hat. Wenn ich jetzt mit dreizehn Jahren einen Freund hätte, würde ich doch noch nicht mit ihm schlafen. Ich möchte erst mit fünfzehn oder sechzehn Sex haben.

Käthe *Unsere Kleinfamilie funktioniert sehr gut. Edda, du hast einen Vater, der deine Mutter und seine Töchter sehr liebt und der sich seit deiner Geburt verantwortlich um dich und deine kleine Schwester in allen Bereichen des Lebens kümmert. Wir wohnen zusammen und es sieht so aus, als würde das auch so bleiben. Wieso gehst du davon aus, dass du dein Kind allein erziehen musst und die Verantwortung ausschließlich bei dir liegt; du sprichst von einem neuen Freund, wo ist denn der alte, der Kindsvater geblieben? Warum glaubst du, dass Jungen sich nicht genauso Gedanken über das Kinderkriegen, über Verhütung und Verantwortung machen wie Mädchen?*

Edda Ein dreizehn- oder fünfzehnjähriger Junge weiß nicht, was es bedeutet, ein Kind zu bekommen, und ich glaube nicht, dass Jungen in dem Alter ein Kind haben wollen. Sie müssten dann ihr ganzes Leben dafür verantwortlich sein, das können sie nicht und dann müssen sich die jungen Mädchen alleine darum kümmern. Manchmal helfen die Eltern und passen auf die Babys auf, wenn das Mädchen zur Schule geht. Mädchen müssen mehr über so was nachdenken, denn sie tragen das Baby im Bauch. Außerdem kann ich mir nicht vorstellen, wenn man so jung ist und schon einen Freund hat, dass man ihn so viele Jahre liebt. Ich denke, je jünger man ist, desto schneller wechselt man den Freund. Bei meinen Eltern ist das anderes, aber die sind erwachsen. Ich rede jetzt nur von ganz jungen Menschen.

Käthe *1984 las ich zum ersten Mal einen Artikel über Aids. Das war ein Schock und machte mir totale Angst. Im Laufe der Jahre ha-*

be ich einige sehr gute Freundinnen und Freunde an den Folgen von Aids sterben sehen. Das hat mich sehr erschüttert. Es hat mein Sexualverhalten von Grund auf verändert. Was wisst ihr über Aids? Wie wollt ihr euch schützen?

Camilla Ich denke, dass das eine sehr schwere Krankheit ist und bevor ich das erste Mal Sex haben will, werde ich mich testen lassen und verlange das auch von meinem Freund. Wenn der das dann nicht will, möchte ich keinen Sex mit ihm haben und ich würde mich lieber trennen.

Edda Aids ist eine total schlimme Krankheit. Ich möchte erst mit meinem Freund schlafen, wenn ich ihn lange genug kenne, und ich will, dass er mich liebt und nicht nur Sex haben will. Ich würde auf jeden Fall mit Kondom zusammen schlafen und mich vorher testen lassen.

Käthe *Als Teenager stand ich ständig vor dem Spiegel. Manchmal fand ich mich schön, manchmal habe ich geweint, weil ich zu dick war. Mein Busen war sehr klein, das gefiel mir an einigen Tagen richtig gut, an anderen war ich deswegen verzweifelt und hätte gerne einen größeren gehabt. Alle Freundinnen hatten schon einen BH, nur ich nicht! Erst als ich sechzehn Jahre alt war, bekam ich einen. Er hatte die kleinste Größe und war doch noch viel zu groß. Ich habe ihn dann auch nicht getragen. Wie gefällt euch euer Körper, eurer Busen? Bevorzugt ihr einen großen oder kleinen Busen? Tragt ihr schon einen BH?*

Edda Ich habe täglich an meinem Körper etwas auszusetzen. Entweder ist es meine Brille oder es sind meine Hautprobleme und die ein oder zwei Kilo, die ich zuviel habe. Mein Doppelkinn und mein rundes Gesicht gefallen mir oft auch nicht. Ich habe noch keinen großen Busen, die eine Brust ist größer als die andere, das finde ich komisch. Ich will einen schönen, nicht zu kleinen Busen haben. Manchmal trage ich Bustiers, die ich von Camilla habe.

Camilla Ich finde meinen Körper total in Ordnung, nur die Oberschenkel sind ein wenig zu dick. Ich trage schon einen BH und finde das ganz gut, weil ich die erste von meinen Freundinnen war, die einen hatte.

Käthe *Vor drei Monaten habe ich mir meinen ersten Ladyshave gekauft. Dreimal habe ich mir meine Beine rasiert. Ich fand das immer unnötig, aber plötzlich hatte ich Haare auf den Zehen und das wollte ich nicht. Meine Achselhaare rasiere ich mir immer noch nicht, es sind sowieso nicht besonders viele. Einmal wurden sie mir von Sabina Maria van der Linden rasiert, weil ich ein Kleid von ihr trug und sie mich fotografieren wollte. Beim Nachwachsen hat das schrecklich gekratzt und gepiekst. Möchtet ihr euch die Beine rasieren? Glaubt ihr, dass Männer das besser finden und würdet ihr das für die Männer tun?*

Camilla Ich rasiere mir noch nichts, wollte mir die Achselhaare rasieren, durfte es aber nicht. Jeder soll das so machen, wie es ihm gefällt, und manche Leute sind so stark behaart, die sollten es tun. Ich glaube, dass Männer das besser finden. An den Beinen finde ich das unnötig, das muss nicht sein. Bei Männern finde ich eine Pelzschicht ekelig. Aber das sieht natürlich auch dumm aus, wenn sie sich die Brust rasieren und das wird dann so stoppelig. Ich glaube, dass ich mich für meinen Freund rasieren würde.

Edda Nein, ich möchte mir nicht die Beine rasieren. Ich habe es einmal mit meiner Schwester als Spiel getan. Wie ich dann mit meiner Hand über die Beine gestrichen bin, war das ein unangenehmes Gefühl, so dass ich mir vorgenommen habe, es nie wieder zu tun. Jetzt sage ich, ich mache, was ich möchte, aber wenn ich einen Freund hätte, würde ich noch mal anders darüber denken. Die Achselhaare möchte ich mir nicht rasieren, sie sind etwas ganz Normales. Beine rasieren ist was für Frauen, nicht für Teenager.

Käthe *Vielen Dank für das Gespräch.*

BÜSTE UND BÜSTENHALTER

Tine Plesch

Völlig unabsichtlich habe ich alles Notwendige getan, um meine Kindheit und Jugend zu verdrängen. Das betrifft das eine oder andere Ereignis genauso wie meine körperliche Entwicklung. Wobei meine Brüste ohnehin nie dieselbe Rolle spielten wie meine Körpergröße – ach, seufzte meine Mutter oft, wenn Du wenigstens einssechzig wärest, und verpflichtete mich zum Tragen hoher Absätze, bevor ich noch „BH“ sagen konnte. Brüste waren in unserer Familie vorhanden, aber nicht sonderlich bemerkenswerte. Doch damals galt sowieso eher die Verhaltensregel „Darüber spricht man nicht.“ Witze wurden eher über damals übliche Damenunterbekleidung gerissen, und bevor das jemand anders machte, übernahm meine Mutter die flapsigen Bemerkungen über ihren Hüfthalter, innerfamiliär unter viel Gekicher „Gommischlöpfer“ genannt, lieber selber. Mein Bruder und ich echoten nur, was wir im Werbefernsehen gesehen hatten: „Mein Hüfthalter bringt mich ummm“... Klar, sie musste uns auch etwas Unterhaltung bieten, zum Beispiel in den Urlauben, in die mein Vater nicht mitfuhr, weil er das Geschäft nicht allein lassen konnte. Ich war ein altkluges Kind, das die Regeln der Werbung auch auf den Rest der Welt anwenden konnte, und in einer meiner frühesten – etwas verschwommenen – Erinnerungen an irgendetwas, das mit Brüsten und BHs zu tun hatte, machte ich einen Witz, der sich auf meine Oma und ihr, wie sie es nannte, „Korselett“ bezog, dessen Funktionen durch „Playtex mit dem Zauberkreuz“ – das war so etwas wie der Push-up-Bügel-BH der frühen 60er Jahre – sicher zu verbessern sei. Und weil ich noch viel zu jung war, um solche Witze zu machen, lachten alle umso mehr.

***

Trotzdem ich ein Mädchen war, durfte ich Hosen tragen, auch als Drei- oder Vierjährige, und ich kurvte stolz mit dem Dreirad herum. Die groben mittelfränkischen Vorstadtfrauen, die Frau Doktors, die selbstverständlich nie Medizin studiert hatten, aber wehe, sie wurden nicht mit „Frau Doktor" angesprochen, fragten mich unverhohlen „Bisd du etz a Bu oder a Madla?" Schon früh erfuhr ich also, dass Kleider nicht nur Leute, sondern auch Geschlechter machen. Allerdings hat mich das damals eher verwirrt – meine Eltern hatten doch gesagt, dass ich ein Mädchen war, warum konnten die anderen das nicht sehen?

***

Brüste spielten auch auf den Titelseiten und in Berichten der Illustrierten, die mein Vater kaufte – um im Nachtdienst etwas zu lesen zu haben – eine große Rolle. Egal, ob sie nun Stern, Quick oder Neue Revue hießen, oft war vorn eine Frau im knappen Bikini (oder auch mal oben ohne), und selbstverständlich hatte die Frau runde große Brüste, so dass sich das Schönheitsideal der Frauenbrust für mein schlichtes Prä-Teeniegemüt natürlich aus diesen Coverfotos ableiten ließ. Klar sah ich auch kleine Brüste oder hängende Brüste, aber nicht auf diesen Fotos, und darum war das nicht so comme il faut. Brüste schienen der Inbegriff des erotisch Reizvollen zu sein, und ihre Allgegenwart hätte eigentlich alle Frauen auf Frauen antörnen sollen. Aber das passierte komischerweise natürlich nicht. Meine Mutter grummelte über die SPD, die schuld an der Sexwelle sei, und über Willy Brandt mit seinen „Frauengeschichten". Sie kam aus Norddeutschland, war aber ein Fan von Franz Josef Strauß. Als ich klagte, dass meine Brüste nicht größer wurden, tröstete sie mich damit, dass sich das ändern würde, wenn ich erst Kinder hätte. Ihre Brüste seien danach auch gewachsen.

***

Damals war auch die Zeit der engen Pullover, gern bunt geringelt, gern auch noch selbstgestrickt, zwei links, zwei rechts, Körperformen betonend. Klar kam das mit etwas Brust besser als bügelbrettflach ohne. Also wollte ich einen BH. Es half nichts, dass meine Mutter meinte, dafür sei ich noch zu jung, was sie auch sagte, wenn ich meinte, dass ich endlich einen Freund haben wolle. Mit dem BH hatte sie Recht, selbst der Kleinste war zu groß. Aber schließlich wusste ich von Oma, wie ich mit ein paar Taschentüchern dem Körbchen mehr Fülle verleihen konnte. Getan habe ich das dann nie wirklich getan – die Taschentücher knüllten so komisch, und auf andere Materialien aus dem Kleiderschrank wie Socken oder Nylonstrumpfhosen hatte ich, wegen drohenden Auseinandersetzungen mit meiner Mutter, keine Lust. Aber der BH musste trotzdem her. Irgendwann entdeckte ich auch BHs aus anderen Materialien, die sich besser an die nicht so reichlich vorhandene Brust anpassten, aber die wenige Wirklichkeit deutlicher zeigten. Außerdem es gab BHs, die den Verschluss vorne hatten, aber das ist eine andere Geschichte.

***

Selbstverständlich war es so, dass ich meine Brüste zu klein fand. Gemessen an denen der Illustriertenfrauen, denen meiner Mutter oder denen meiner Freundin Ute. Außerdem waren sie nicht rund wie Äpfel, sondern eher länglich. Und – oje, sie würden bestimmt HÄNGEN! Und meine Brustwarzen waren nicht etwa spitz und hart und fest und dunkel, sondern sie waren weich und rosa und hatten große Warzenhöfe. Viel zu große Warzenhöfe, als dass sie in irgendeinem Brief an Dr. Sommer und schon gar nicht auf einem Foto vorgekommen wären. Nichts sah also aus, wie es aussehen sollte. Ich nahm zu, und ich nahm an Bauch und Beinen zu und nicht etwa an den Brüsten – ein auch später noch gern belästerter Zustand, dass frau nicht da zunimmt, wo es „sinnig“ wäre. Natürlich macht frau solche Witze lieber selber, bevor es jemand anders tut. Damit beweist sie wenigstens Humor. Aber Humor und Brüste konnte ich mir zumindest damals überhaupt nicht zusammen vorstellen. Selbstverständlich hatte die Frauenbewegung ihren Weg in die fränkische Vorstadt nicht gefunden, und Annie Sprinkle erst recht nicht; selbstverständlich las ich heimlich Bravo, was nichts besser machte, und bei meiner Oma las ich Versionen sogenannter Frauenzeitschriften wie Frau im Spiegel, war allzeit kichernd bestens informiert über das Gebaren irgendwelcher königlichen Hoheiten, und las höchst interessiert die Seite mit den Briefen über die Problembeziehungen der LeserInnen. Schließlich wollte ich ja wissen, was so auf mich zukäme. Ich kannte aber auch den Bleistifttest, mit dem frau überprüfen konnte, ob ihre Brüste schon hingen oder noch schön straff waren. Dazu musste frau sich einen Bleistift unter die Brust klemmen und abwarten, ob er haften blieb oder herunterfiel.

Sehr viel später entdeckte ich bei meiner Freundin Antonia Bruststraffungscreme. Nicht dass ich an deren Wirkung geglaubt hätte, ich brauchte sie auch nicht – denn ich hatte den unbestreitbaren Vorteil kleiner Brüste entdeckt: sie hingen nicht. Jedenfalls nicht unbedingt und nicht so schnell. Ich wunderte mich eher über den Einfallsreichtum der Kosmetikbranche – klar war eine Sorte Straffungscreme nicht genug.

***

Aber zurück zu Ute, die in meine Klasse ging. Utes Mutter hatte sehr kleine Brüste und war dünn gehungert und braungebrannt. Eines Tages erzählte Ute – wenn ich mich richtig an ihre Beschreibung einer Materialveränderung erinnere – dass bei ihrer Mutter die Kissen gesprengt werden müssten, weil sie hart geworden seien. Ich guckte völlig verständnislos. Ute sagte: „Na, das Silikon ist hart geworden“, als wäre das ein völlig normaler körperlicher Vorgang, so wie das Wachsen von Achselhaaren, Verstopfung oder Orangenhaut.

Auch damals schon – also irgendwann in den eher frühen 70ern – irrten operative Möglichkeiten durch die Gehirne der Menschen, und was ging, wurde gemacht, ohne Rücksicht auf Konsequenzen, nur nicht mit soviel Fernsehberichterstattung. Ich habe mir nie genauer vorgestellt, wie es in Utes Familie zuging – mit einer Mutter, die sich Silikon implantieren ließ, weil ihre zu kleinen Brüste sexy und mehr nach FRAU aussehen sollten, was immerhin alle in unmittelbarer Nähe wussten, und einer Tochter, die schon als 14jährige die Brüste einer vollbusigen, erwachsenen Frau hatte, und einem Vater, dessen gelegentlichen anzüglichen Bemerkungen – auch über Stefanie, eine andere Freundin, die große Brüste hatte – vermuten ließen, dass für ihn große Brüste schon eine wesentliche Eigenschaft einer Frau waren. Richtig gefragt habe ich Ute nie. Mein schwerhöriger Vater redete wenig mit uns und interessierte sich überhaupt nicht für so etwas wie Pubertät – egal, ob sie meinen Bruder oder mich betraf –, doch ein Vater, der wahrscheinlich mehr oder minder verbittert über Brüste rumwitzelte… nein, ich glaube, ich wollte es nicht wirklich wissen.

Allerdings schloss ich aufgrund dieser frühen Erfahrung vernünftigerweise Veränderungen durch operative Eingriffe für mich aus (auch wenn ich manchmal schon über Fettabsaugung an den Oberschenkeln – viel einfacher als SPORT! – nachdachte).

***

Am Beispiel von Ute lernte ich auch bald, dass es nicht wirklich Spaß machte, wirklich große Brüste zu haben. Da war das Geglotze und Gekicher der Jungs in der Schule, und da waren die eindeutig interessierten Blicke der Männer auf der Strasse und im Café in der Stadt; da war der Physiklehrer, der Ute immer besonders gerne an die Tafel rief, dann beim Abfragen jedoch weder an die Tafel noch in Utes Gesicht schaute (noch mehr kichernde Jungs) – später erfuhren wir, dass er wegen Belästigung einer Schülerin an unsere Schule strafversetzt worden war. Da war der ewig mit hochroten Backen stierende Paul, der später auf den Schuldiscos Ute gerne zum Tanzen aufforderte und noch später – was sonst? – katholischer Priester werden sollte. Da waren die Männer, die Ute ansprachen und anbaggerten – nicht wegen ihrer schönen blauen Augen oder wegen der guten Witze, die sie machte – und da waren die Discos, in die sie immer hineinkam.

Da waren aber auch die Träger der BHs, die tief in ihre Schultern schnitten, ihr Rücken verbog sich und es tat weh. Und alles zusammen war nicht unbedingt lustig.

Sie musste Klamotten kaufen, in die ihre Brüste passten, Badeanzüge für unvorstellbar alte Frauen in Kleidergrößen, die zu unvorstellbar alten Frauen gehörten (40!). Ich hingegen konnte keine Kleider mit gewagten Dekolletees kaufen, da fast jeder Ausschnitt ein gewagtes Dekolletee bot, und musste jeden Spaghettiträger mit Nadel und Faden oder Knoten verkürzen. Sonst fiel, haha, alles raus bzw. sah man ja, dass da nix war. Was ich mal wieder lieber selber sagte, bevor es jemand anderem einfiel.

Ute ließ sich noch als Teenager die Brüste verkleinern.

***

Abgesehen davon, dass ich natürlich gern gewusst hätte, ob meine Brüste reizvoll wirkten – waren sie vielleicht doch groß genug dafür? Und rund genug? Und sie mussten auf die Jungs reizvoll wirken (denn trotz aller Allgegenwart von Brüsten war es undenkbar, ein Mädchen sexy zu finden).

Das herauszufinden war gar nicht so einfach in der Vorstadt, in die der letzte Bus aus der Stadt unverschämt früh fuhr. Und es war nicht so einfach, auf dem Kleinstadtgymnasium, in das mein Bruder und ich gehen mussten, weil wir auf diesem Schulweg nicht umsteigen mussten. In dieser öden Vorstadt gab es nichts, was für Jugendliche von Reiz gewesen wäre, so dass man fast zwangsweise zu jedem sich anbietenden CVJM-Treffen ging, wo Jesus schließlich immer über den Wunsch siegte, mehr als Küsse auszutauschen und mal eine Brust zu betasten, weswegen es da auch sehr schnell wechselnde Beziehungen gab.

Zwischendrin gab es irgendwann die Fernsehshow, in der einmal Vivi Bach in der durchsichtigen Bluse – ohne BH – zu sehen war. Ein Skandal, der allerdings wenig Auswirkungen auf meine Entwicklung hatte. Sicher hat meine Mutter über die SPD, die Sexwelle, die ollen Illustrierten und das Fernsehen gegrummelt. Zwischendrin übrigens verkleidete sich mein Bruder auf einem Fasching als Wahrsagerin und meine Mutter riet ihm, sich Scheinbrüste aus einer Schnur und zwei Orangen zu basteln. Das hat er – mit ihrer Hilfe – und unter meinem großem Gekicher tatsächlich gemacht.

Ich hingegen lief in schlabberigen Hippieklamotten herum, in Batikindienblusen, hörte Santana, Janis Joplin und die Rolling Stones, las „ACID" und Charles Bukowski mit der Taschenlampe unter der Bettdecke, versuchte herauszufinden, was es mit den 60er Jahren und Woodstock auf sich hatte und träumte von Sex (was, wenn ich demnächst bei einem Verkehrsunfall überfahren werden würde und ich wüsste nicht, wie ES wäre?) und verbarg meinen, wie ich fand, zu dicken Bauch und meine, wie ich fand, zu kleinen Brüste und meine Oberschenkel unter großen, überlangen T-Shirts.

***

Bis ich auch einmal zu einem Schulfasching ging, im lila Batik-Maxi-Rock (wobei mir das mit Lila als Farbe des Feminismus eigentlich weniger bewusst war, ich verband es eher und mit Abenteuer und Außenseitertum und hatte die Farbe schon immer gemocht). Ich erinnere mich nicht mehr, wie es kam, aber irgendwann stand ich an irgendeinem Baustellenzaun vor dem Schulfestsaal, und der Junge, den ich von allen Schülern des Kleinstadtgymnasiums am hübschesten fand, küsste mich. Außerdem versuchte er, meinen BH zu öffnen. Es war der BH, der den Verschluss vorne hatte. Ich musste ihn am Ende selber aufmachen. Und damit so was eher Peinliches und der freien Liebe

Hinderliches nicht mehr passierte, entsagte ich in meinem Freie-Liebe-Hippiekopf dem BH.

***

Meine Mutter ist nach einem Schlaganfall halbseitig gelähmt. Die Diakonieschwestern möchten ihr gerne einen BH anziehen – das sei gut für ihr Gefühl als Frau, sagen sie, sie würde sich weiblich und gut angezogen fühlen. Meine Mutter würde selbstverständlich viel lieber laufen können und der BH ist ihr egal. Doch sie hat auch nie wirklich darauf bestanden, dass ich einen trage. Vielleicht sind sie wirklich einfach unbequem.

EIN DEKOLLETEE WIE BEYONCÉ

Kerstin Grether

In einem alten, hässlichen Herrenhaus lebte eine arme Prinzessin, die wünschte sich nichts sehnlicher, als endlich jung und schön und begehrenswert zu sein. Das war ein bisschen viel verlangt, denn allem Anschein nach war die Prinzessin Engelduld noch ein Kind. Da half alles Betteln nichts. Ja, obwohl sie schon neun Sommer gesehen hatte und seit dem siebten Hip Hop hörte, bekam sie von ihrer Mutter, der kranken Königin, stets folgendes Argument zu hören: „Du bist noch zu jung, um jung und schön und begehrenswert zu sein."

Engeldulds kleiner, geruchloser Körper sah das vermutlich ähnlich: er tendierte weder zu Brustumfang noch zu Behaarung und erklärte so die Anschaffung all der spannenden Güter aus dem VIVA-Werbefernsehen für blanken Luxus. Schade. Denn Engelduld hätte gerne das Geld ausgegeben, das sie nicht hatte, für die Entfernung von Achselhaaren, die sie nicht hatte. Sie liebäugelte mit der sanften Epilation von „Gillette for women."

Wenn sich den Jugendlichen die Haare sträubten, dann glätteten sie die mit einem Gel, das kam in einer verführerischen Venus-Schale, die gab es in zwei Farbrichtungen, rosa und hellblau. Und sobald man sie öffnete, erklang eine liebliche Melodie, das war der exklusive Bonus-Track von den No Angels, die ihre rosafarbenen Beinchen bestimmt auch alle mit „Gillette for women" glätteten.

Ach, die ungeduldige Prinzessin Engelduld würde ihre kleine Seele geben und sogar nachts auf die Brille verzichten, wenn sie nur endlich im *Epilepsie-reifen* Alter angelangt wäre. Aber noch viel mehr als das Seidenextrakt-Gel begehrte sie die Früchtchen-BHs von H&M!

Die wollten einem nichts nehmen, die wollten einem etwas geben, und das wiederum konnte man nur annehmen, wenn man schon etwas hatte – hach, das Leben war verfahren! – einen Busen nämlich! Engelduld hätte sich auch mit einem Kleinen begnügt, mit einer bescheidenen Körbchengröße, sagen wir 80 A. Hauptsache einen dieser herrlichen Früchtchen-BHs besitzen! Auch wenn es, das musste sie schon zugeben, nicht so ganz einzusehen war, warum die BHs für einen kleinen Busen, Baujahr Erbse, genauso viel kosteten wie für einen großen, Marke Bombe. Wäre da ein großer Busen, rein ökonomisch betrachtet, nicht viel rentabler? Man bekam schließlich mehr Stoff für's gleiche Geld. Sie seufzte.

Mehr Stoff, den sie nicht brauchte, für gleiches Geld, das Mutter verwaltete. Und die würde keinen müden Cent für einen BH rausrücken: denn angeblich war Engelduld ja noch ein Kind, das zweitens sogar die Brille mit Mutter teilen musste. Ja, die voranschreitende Verarmung erlaubte kein eigenes Brillengestell für Engelduld mehr, obwohl die Krankenkasse die Gläser bezahlt hätte. Denn als die Königin krank geworden war, hatte sie sich in gegenseitigem Einverständnis, wie sie stets betonte, von ihrem König getrennt und war mit dem alten hässlichen Herrenhaus abgefunden worden. Was auch einer der Gründe war, weswegen Mama alles so streng sah – bekam sie doch stets die Brille! Engelduld kriegte die Brille nur, wenn die kranke Königin sich ein Weilchen aufs Ohr legte, und nachts, wenn die Königin erst recht schlief.

Eines nachmittags, als Engelduld mal wieder kurzsichtig in die Ferne ihrer bunten Träume starrte – hach, wäre man doch endlich jung, schön und begehrenswert! –, da reifte ein Plan in ihr: wenn Mama mir sofort diesen supersexysound Früchtchen-BH kauft, verzichte ich die nächsten Jahre auf jedwedes Weihnachts-&Ostern-&Geburtstags-Geld, nicht mal einen Schoko-Osterhasen muss ich haben! Und wenn sie nicht einverstanden ist, dann soll sie erst einmal gegen das Argument mit der Körbchengröße 80 C ankommen! „Ich nehme auch den größten BH, der reicht dann so lange, bis ich aus dem Haus bin. Und der ist auch viel billiger, weil er nämlich mehr Stoff für weniger Geld bietet – und bis ich reinpasse, kann ich ihn ja mit irgendetwas ausstopfen." Etwas in der Art wird sie sagen.

Als Mutter nun spät am Abend zur Tür hereinkam, abgeschafft von ihrem neuen Halbtagsjob bei der beliebten Frauen-Illustrierten Be A Star, erschien die Gelegenheit günstig. Die sah so „Ja und Amen" aus, der fielen gleich die Augen zu und bestimmt keine Argumente mehr ein. Die Wimperntusche lag schon als Schatten unter ihren Augen und vorhin hatte sie noch Flügel dadurch!

„Es ist nicht einfach für ein Kind, arm zu sein", sagte Engelduld jetzt so vernünftig wie möglich, denn es konnte ja nicht schaden, sich freiwillig als Kind zu bezeichnen: „Aber noch schlimmer ist es für ein Kind, ein Kind zu sein. Und deshalb", feierlich hob sie die Stimme, „möchte ich gerne einen BH haben. Und ich weiß auch schon welchen... den Früchtchen-BH von H&M."

„Als ich ein Kind war", unterbrach die kranke Königin, die wohl gar nicht zugehört, sondern nur das Stichwort aufgegriffen hatte, das ihr am besten gefiel, „habe ich immer davon geträumt, eine Prinzessin zu sein. Hach, eine Prinzessin wollte ich sein, die teuerste. In einem Schloss wollte ich leben und bezaubernde Kleider tragen. Schauspielerin wollt' ich werden, aber das ging nicht, das war nicht so einfach damals. Ich verkroch mich hinterm Haus und spielte Prinzessin."

Plötzlich kam eine Euphoriewelle aus ihr: „Das war eine schöne Zeit, das war die beste Zeit überhaupt! Ich hatte so viel Phantasie aus dicken Märchenbüchern. Ich war Schneewittchen und Rosenrot. Mit den kostbaren, ausgemusterten Kleidern meiner Mutter, deiner Oma, Gott hab' sie selig. Ich sehe es vor mir, als wäre es heute gewesen: wallende Ball-Röcke, Pelze, Mohairpullover und so spitze Riemchensandalen, so was gibt's heute gar nicht mehr. Und ich war die einzige Prinzessin weit und breit, mit meinem rosa Lackköfferchen ..."

Und die arme Prinzessin nickte ergeben und höhlte einen Kürbis aus und Mama war nicht zu bremsen und die arme Prinzessin ritzte kleine Sonnen und Monde und Fratzen in die Kürbisse. Verdammt, die Prinzessinnen-Geschichte war langweilig, die hörte sie schon zum tausendsten Mal. Und Mama wurde sogar immer lauter! Wenn ich mal laut werde, dann holt sie sofort ihre Ohrenstöpsel, dachte Engelduld. Und was hat die ganze Märchenscheiße mit meinem Früchte-BH zu tun? Oder war das schon der Streit und sie musste nur noch...

„Ich will dir jetzt mal was sagen," sagte die kranke Königin, obwohl sie doch die ganze Zeit etwas sagte, „zu meiner Zeit gab es das nicht: Warenhäuser, die aus einem Kind ein frühreifes Früchtchen machen. BHs in allen Farben und Formen. Gürtel, Accessoires, Glitzerkleider – für Kleinkinder. Das ist doch lächerlich. Jedes Mädchen eine Prinzessin. Jede Frau eine Königin. Jeder Mensch eine Kostbarkeit. Du hast alles, ihr habt alles, alles fällt euch, alles gefällt euch, wofür ich damals hart, hart gekämpft habe. Deine Oma war streng, Gott hab' sie selig. Es war ja schließlich Krieg und wir haben gehungert, da war die Welt nicht heil und in Glitzer. Ich hatte keine Freundinnen, hab' mit keiner gespielt, war die Einzige, verstehst du, die Einzige. Die anderen Mädchen hat das nicht interessiert, schöne Kleider. Die waren wild und schmutzig und sind mit Rollern und Fahrrädern durch die Gegend gefahren und haben sich wild und schmutzig gemacht. So kam es, dass ich weit und breit die einzige Prinzessin war. Ganz anders als heute, wo es alle sind. Die Einzige weit und breit, im Gartenhaus, hinterm Krieg. Also, wenn ich das schon höre: Du hast einen BH gesehen, im Werbefernsehen, wie bitte? Du bist neun Jahre alt und willst einen BH tragen? Kleine Lolita, komm runter, du hast nicht mal einen Busen! Flach wie ein Brett, wie ein Schach-Brett, wie ein Flach-Bett. Kleine Lolita stellt Ansprüche, oder wie? Das ist lächerlich, findest du es nicht wirklich lächerlich? Ist das nicht total lächerlich? Und jetzt will ich nichts mehr davon hören. Mach mal, mit dem Abendessen... das Gemüse noch, aber schnell, ich bin müde, will mich hinlegen."

Immerhin redet sie ganz offen, von Frau zu Frau, dachte Engelduld, gemein ist es trotzdem. Die arme Prinzessin ritzte noch größere Münder in die Kürbisse, jetzt wollte sie der Königin endlich das mit dem großen BH sagen, sie hätte große Lust Halloween aus dem Kürbis zu machen. Schnell legte sie die Riesenfrucht beiseite und hackte die grüne Perücke von den Möhren weg. Mama holte Atem, Engelduld holte Geduld.

„Die BHs bei H&M", sagte sie müde, müder als Mama, denn Mama war gar nicht so müde wie sie aussah, „sind wie gemacht für kleine Kinder, die gerne..."

Die kranke Königin fuhr wieder ihr Traumschiff aus: „Zu deiner Zeit", sie schnappte sich ein Stück vom Fratzen-Kürbis, „aß ich einsam und allein mit dem Märchenbuch im Gartenhaus und trug die alten, ausgelumpten Kleider meiner Mutter, deiner Oma, Gott hab' sie selig. Da hausten noch die Motten drin. Die Schuhe waren mühsam geflickt vom Krieg und voller Löcher. Durch die Ledersandalen krochen die Krokodile, und die Pelze stanken nach den Tieren, aus denen sie waren. Es war hart für die Kinder, unvorstellbar hart. Du kannst dir gar nicht vorstellen, wie hart das damals für die Kinder war, der Hunger im Krieg und kein Busen und kein BH weit und breit..."

„Aber ich will doch gar kein Kind sein", sagte Engelduld, die sich fühlte, als würde sie mit einem Schlag aufwachen. „Ich will nur einen eigenen Body aus Bauch und Busen und Hüften und Schenkeln. Damit du dich nicht mehr abrackern musst bei deiner Frauenzeitschrift, und dich für den Rest deines Lebens mit deinen rosa Ohrenstöpseln ins Bett legen und krank und tot spielen kannst. Aber ich möchte soooo gerne ..."

Engelduld flüsterte nur mehr, denn sie befürchtete, jedes laute Wort würde Mutter sofort vertreiben. Mutter, die unwirsch den Kühlschrank auf und zu haute, dann einen Hering herausnahm, in Senf tunkte und unentschlossen schaute, ob sie gleich ins Bett gehen oder noch etwas erwidern wollte.

„Verstehst du", kam Engelduld ihr zuvor, „wenn ich erst jung und schön und begehrenswert bin, dann..."

Da rannte die kranke Königin weinend nach oben in die Schlafgemächer. Freilich nicht ohne das Ohropax-Schälchen, auf dass sie den Krach aus Engeldulds HipHop-Anlage nicht länger erdulden musste, und spielte mal wieder tot.

Engelduld setzte sich missmutig auf den Boden, griff sich eine von Mamas bescheuerten Be A Star-Illustrierten und blieb sofort bei einem Artikel über das perfekte Dekolletee hängen. „Unser Verwöhnprogramm sorgt für feste Formen", versprach das Magazin und belegte das Ganze mit dem Dekolletee von Beyoncé. Engelduld schnappte sich die Brille, die Mutter netterweise auf dem Tisch hatte liegen lassen, und verfiel in maßloses Entzücken. In dieser Sehschärfe sah Beyoncés Busen sogar noch besser aus. Zwei pralle Bälle, die mit Müh und Mut im Basketballkorb gelandet waren. So einen Treffer konnte man sicher nur mit viel Kraft&Teamgeist landen. Jetzt verstand sie, warum Mutter gesagt hatte, das sei früher, als es den ganzen Hunger gab, nicht haltbar gewesen.

Das Dekolletee von Beyoncé, es war das perfekte Verwöhnprogramm für die ganze Familie.

Engelduld hatte eine neue Idee: wenn Mama eh schon böse mit ihr war, dann konnte sie auch gleich tun, was sie wollte. Und Engelduld sprang auf Zehenspitzen ins Wohnzimmer hinüber, dass Mama sie bloß nicht hörte, zerrte einen der spießigen, fleischfarbenen BHs von der Wäscheleine, knisterte bilderbuntes Illustriertenpapier in die Körbchen und schlüpfte in Mamas Mini-BH. Hey – wie eine richtige Frau. Und billiger als H&M erlaubt. Be a Star! Die arme Prinzessin lächelte ihrem Spiegelbild zu: jung und schön und begehrenswert, a little bit. Wenn sie schon die Sorgen der kranken Königin trägt, wird sie auch deren Büstenhalter haben dürfen!

Blöd war nur, dass Engelduld sich im Eifer des Gefechts die Brille von der Nase fegte. Jetzt sah sie Mutter gar nicht mehr ähnlich.

EIN BISSCHEN LIEBE HÄTTE MIR NICHT WEHGETAN

Peggy Parnass

Wie wird man, was man ist? In Schweden aufgewachsen schlug ich mich auf die Seite der Jungen. Um nicht verlacht, missbraucht, niedergemacht zu werden. Musste manchmal, wenn ich mit ihnen über die dümmlich dreckigen Witze, die sie machten, pro forma lachte, husten, bis ich keine Luft mehr kriegte. Die Belohnung für mein Verhalten: Ich war tabu.

Und das zu einer Zeit, als Mädchen und Frauen „selbst schuld waren", wenn sie es wagten, durch einen Park zu gehen.

Erster Kuss? Ich erinnere mich an zwei erste Küsse – einen unwichtigen und einen wichtigen.

Im Sommer auf dem Land: Moos und Grün und Wald. Die betäubenden schwedischen Düfte, nach denen ich jetzt noch Heimweh hab. Wir Kinder lagen alle in einer Reihe nebeneinander und ruhten uns vom Rumtoben aus.

Da beugte sich einer aus der Stadt, frech und erfahren, sicher schon fast 14, über das Mädchen neben mir und drückte seinen klebrigen Mund auf meinen. Der Bonbon, an dem er lutschte, rutschte zu mir rüber. Eklig, eklig.

Den wichtigen bekam ich von Gunnar, einem sehr umschwärmten Jungen meiner Schule in Stockholm. Ein wirklich Erwachsener. Schon 14, blondgelockt, schlank, geschmeidig, zwei Köpfe größer als ich. Eines Abends begleitete mich Gunnar vom Park nach Hause, zog mich durchs Haus auf den Hinterhof. Es goss in Strömen. Lange Unterhosen und Laken hingen triefend an den Wäscheleinen.

Dazwischen waren wir ganz alleine. Es war Wahnsinn. Er küsste mich, wie ich mir noch heute wünsche, geküsst zu werden. Ich war so aufgeregt, dass ich dachte, jetzt sterbe ich, mich losriss und, ohne Luft zu holen, in den vierten Stock rannte. Seitdem weiß ich, dass eine Umgebung genauso romantisch ist, wie man sich gerade fühlt. Wie schade, wir küssten uns nie wieder. Weil eine andere Zwölfjährige aus meiner Klasse, auch erfahren, von da an mit ihm schlief.

Die nächsten Stationen waren ein paar Verführungs- und ein paar Vergewaltigungsversuche. Beides fruchtlos. Verführbar bin ich nicht, vergewaltigen ließ ich mich nicht. Von Sexualität kriegte ich trotzdem eine Übermenge mit. Innerhalb von sechs Jahren lebte ich bei zwölf verschiedenen Pflegeeltern-Familien. So kriegte ich auf relativ engem Raum, zwölfmal multipliziert mit den jeweiligen Verwandten und engen Freunden, Liebesvarianten mit.

Die eine Pflegemutter kassierte von ihrem Mann immer Geld für Schläge auf den Arsch. Der anderen musste beim Vögeln der Bauch angehoben werden, wie der Herr Gatte erzählte und mir dann lachend vorführte. Es gab eine Menge zu sehen, viel zu hören und reichlich Anlass zum Weggucken. Nur, weggucken konnte ich nie.

Eine Pflegemutter zog mich zum Gaudi ihrer Gäste an meinen ersten paar Schamhaaren in der Badewanne hoch. Mein Ummichschlagen und mein Weinen haben ihr Gelächter nicht eingedämmt.

Bei der nächsten Pflegefamilie hatte ich schon so etwas wie Brustansatz, zumindest waren die Brustwarzen sichtbarer geworden. Da kassierte meine Pflegeschwester von ihrem Bruder Geld dafür, dass sie ihn ins Bad ließ, wenn ich drin war.

Ich weiß nicht, warum mir jetzt noch heiß und übel vor Wut und Scham wird, wenn ich an diese Vorfälle denke. Damals hab ich nachts immer wach gelegen und überlegt, wie ich meine jeweilige Familie am besten umbringen könnte. Kein Wunder, dass sie mich nicht mochten. Ich hab sie ja auch gehasst. Wäre jemand wirklich freundlich gewesen, richtig lieb, hätte ich sie vielleicht doch ein bisschen gemocht. Turnunterricht. Die drei mit ihren ewig blauen Flecken innen an den Schenkeln. Ich ließ mir immer alles erzählen. Spielte die Dumme. Sagte: „Da soll ein großer Schwanz reingehen? Glaub ich nicht. Beweis mal.“ „Wie?“ „Stell dich auf den Kopf, dann steck ich einen Bleistift in dich rein.“ Das ging. Als ich 14 war, sagte ein Mädchen: „Willst du mal fühlen, wie das ist, wenn man mit nem Mann fickt?“, legte sich auf mich, rieb sich an mir, rubbelte zwischen meinen Beinen rum. Leider eine, die ich nicht mochte, weil die auch immer dreckig lachte. Darum blieb es bei dem einen Mal mit ihr. Die gruselige Frau meines Vormunds machte einen einzigen Aufklärungsversuch: „Solltest du schwanger werden, bild dir ja nicht ein, dass du mit der Brut hierher kommen kannst!“ Nun brauchte ich ihre Aufklärung wirklich nicht, denn mir war wenigstens in der Theorie nichts Menschliches fremd. Aber ein bisschen Liebe hätte mir schon nicht wehgetan.

London. Jüdisches Mädchen-Waisenhaus. Verliebte mich. Sie war 17. Wilde Kohleaugen, schwarze Ringellocken. Eine Taille! Alles biegsam, alles schlank. Eine schmale Carmen. In der Badewanne der schneeweiße Rücken. Die Halbdrehung zu mir hin, die an der Tür stand. Dieser freche Blick! Die weißen Zähne im lächelnden Rot. Die hochsitzenden, weit auseinanderstehenden, spitzen, kleinen Brüste. Rannte weg wie bei Gunnars Kuss, statt auszuleben. „Ich will nicht, dass du mit der bummeln gehst“, sagte die Heimleiterin. Dachte jahrelang, bummeln bedeutet huren.

Mit meiner Entjungferung wartete ich ganz bewusst meinen 18. Geburtstag ab. Ich wollte nicht anfangen, bevor die Verantwortung ganz bei mir lag. Wir, mein Bruder und ich, lebten also in London. Endlich zusammen, nachdem wir in Schweden immer getrennt untergebracht waren. Wir liebten einander und sonst keinen. Wir vertrauten einander und sonst keinem.

Ich ging viel tanzen und traf viele gute Tänzer. Musik und Tanz sind für mich Erotik, heben Erschöpfung auf, lassen vergessen, lassen leben. Wie Sonne, wie Wasser, wie Feuer.

Schon bevor ich 18 wurde, stellte ich eine Liste von Aspiranten zusammen. Bedingung: Er sollte mich lieben, er sollte hübsch und appetitlich sein und kein Grobian, der mir wehtut.

Er sollte eine schöne Stimme haben und, ganz wichtig, er sollte Reinheit ausstrahlen, nicht abgegrapscht und vergammelt sein. All diese Ansprüche erfüllte nur ein hellblonder, norwegisch-englischer Medizinstudent. Ich dachte, weil er Medizin studierte, müsste er besonders gut entjungfern können.

Seit einem halben Jahr war er schon hinter mir her und einmal drang er sogar bis zum Gummiband meiner Unterhose vor. Ich kündigte mich an, seine Mutter war verreist, alles bestens.

Der Tisch war wunderschön gedeckt, Essen duftete. Ich sagte: „Wieso Essen, ich denk, du willst mit mir schlafen? Beeil dich, zieh dich aus, oder ich hau wieder ab", und riss mir meine Klamotten vom Leib: Jungshose, Männerhemd, Krawatte, Fußballstrümpfe, Bübchens Unterhosen. So schnell, wie ich immer Dinge tue, wenn ich Angst hab: Der arme Per, total überrumpelt, zu Tode erschreckt, wollte sich trotz allem die Gelegenheit nicht aus der Nase gehen lassen. Ich muss grauenhaft gewesen sein. Als es wehtat, sprang ich aus dem Bett, zückte meinen Notizblock und machte Notizen über das soeben Erlebte.

Ich besuchte ihn noch einige Male, bis die Entjungferungsoperation endlich klappte, und machte manchmal meine Notizen sogar zwischen den Küssen im Bett. Als es gerade anfing, ein klein bisschen schön zu werden, und ich mich vielleicht sogar in ihn verliebt hätte, sagte er verträumt: „Weißt du, die wievielte du bist, die ich entjungfert hab? Rat mal? Die Siebenundzwanzigste! Du bist Nummer 27."

Da wusste ich, dass weizenblond und rein nicht identisch sein müssen und ging nie wieder hin.

Ach, hätte ich doch mit Bübchen, meinem Bruder, geschlafen, statt mit irgendeinem Fremden! Wir liebten uns doch! Damals war er zu klein, und ich wollte ihn nicht verderben. Wie dumm von mir. Sicher wäre aus uns beiden was ganz Tolles geworden. Sicher hätten wir uns gemeinsam weiterentwickelt und immer zusammengehalten.

So wie es ist, wurden wir wieder getrennt, und als wir erwachsen waren, war er nicht mehr mein Typ. Aber auch er erinnert sich noch daran, dass wir einander den Rücken kitzelten, bis runter zum Po, und dass es sehr schön war. Jetzt ist es zu spät, wir sind uns nicht mehr ähnlich.

Er ist mir fremd und jeder andere auch.

Als Bübchen und ich nicht mehr im gleichen Land lebten, hatten bei mir durch das riesige Liebesdefizit, das dadurch entstand, andere endlich eine Chance. Ich war immer heißhungrig, brauchte immer Wärme und kam mir in jedem „Liebesverhältnis" vor wie ein Gastarbeiter, weil mein Temperament und meine Spontaneität so anders waren als die meiner Partner. Ach, was heißt da Partner, das ist es ja gerade, ein Partner war nie dabei.

Es wäre wohl dumm, von Schuld zu sprechen. Unfähigkeit ist wohl präziser. Meine Unfähigkeit, geduldig, zurückhaltend und liebevoll etwas aufzubauen.

Ich brauchte Abruptes, Verblüffendes, Ungeplantes: Liebe, die meine Phantasie in Gang setzt. Plötzliche Gier, die durch eine Stimme, durch einen Blick, durch einen Gang, durch einen Zug um die Lippen, die durch eine flüchtige Berührung der Hand ausgelöst wird.

Wenn ich in Brand stehe, brauche ich den Anderen nicht unbedingt im gleichen Raum. Ich muss nur Tag und Nacht ohne Zweifel sein Verlangen fühlen. Alle meine Sinne müssen überzeugt sein. Einem war ich mehr als ein Jahr treu, ein Jahr, in dem er mich fast ausschließlich am Telefon in Bann hielt.

Es geht auch per Post, es geht per Tonband. Magnetismus muss da sein. Ein phantasieloser Dummkopf kann kein Öl für mein Feuer sein. Ob all das etwas mit Liebe zu tun hat, weiß ich nicht. Sucht ist wohl richtiger.

Also ist es mindestens so sehr Hass wie Liebe, denn wer entgleitet sich selbst schon gern? Wer lässt sich schon gern fallen ohne Netz?

Ich bin letzte Woche drei Tage und Nächte auf dem Kiez versackt. Mit Frauen aus der Herbertstraße und ihrem Umgang. Ich kriegte 'ne Menge mit. Dinge, die ich schon wusste und Dinge, die ich nur ahnte. Es bestärkte sich mein Eindruck, dass das Zahlen die Frau für den Mann erst zum Wertgegenstand macht. Dass die Sehnsucht nach Liebe und das Betteln darum entwerten. Auch eine Star-Prostituierte, die sich in einen festen Freier verliebt, ist ihn los.

Und über mich lernte ich, was ich gern wieder verlernen würde: dass nur ein Job im Puff mich reizen würde: Stiefelfrau. Männer reinholen und sie so lange verprügeln, bis ich endlich einen Teil meiner Wut los bin. Als ich hörte, dass meine Wut die Männer nur aufgeilen würde, kriegte ich noch mehr Lust, sie zu verhauen. Ohne sie zu berühren, geschweige denn von ihnen berührt zu werden. Weiß Gott, nicht um sie scharf zu machen.

Nicht (kein) ausgeklügeltes Piesacken. Nicht die Eier als Nadelkissen benutzen, in Ketten schlagen oder sonstige Folterscheiße.

Nur so verprügeln, wie sie es verdienen. Für das, was sie getan haben, und für das, was sie zu tun versäumt haben.

Ach, ich bin schon weniger wütend. Richtig mal ausweinen wäre vielleicht auch nicht schlecht.

Was ist bloß aus meiner Sehnsucht nach Liebe geworden? Ich glaube, ich hab das Thema verfehlt. Also, was wünsche ich mir? Eine entzückende, kuschelige, dunkle, kleine Großstadtwohnung in einer Villa am Meer. Ganz intim, mit viel Platz für alle Freunde. Ewige Dämmerung, aber sonnenhell. Ein offenes Feuer, ohne Holz hacken zu müssen. Immer frische Milch, Eier, Butter, Beeren, Obst und Gemüse, ohne dass es nach Stall oder Dünger stinkt.

Sahne, die sich selber schlägt.

Das bisschen erwarte ich auch von einem Liebesverhältnis. Englischen Humor, lateinamerikanische Hüften, schwarze Locken, die in der Sonne weißblond sind. Körperkraft ohne Muskelpakete, sehr erfahren, aber rein wie Schnee, blutjung, alles begreifend. Schnell im

Kopf, tausend Interessen, großer Freundeskreis, politisch aktiv, kreativ, musisch. Und immer Zeit für mich und die Liebe. Einen praktischen, lebenstüchtigen Romantiker.

Einen Mann, der auch Frau oder eine Frau, die auch Mann ist. Mütterlichkeit und Männlichkeit.

Schöne, gesunde Augen, die weder meine Falten noch andere Frauen sehen.

Ich bin nicht zerbrechlich, bloß weil ich klein bin. Ich hasse Getatsche und Gegrapsche. Ich möchte richtig angefasst werden oder gar nicht... Sonst kommt es mir vor, als wenn eine Spinne auf mir rumkrabbelt. Ich brauche eine Menge, um wirklich zu fühlen, dass jemand anders mir nah ist.

ICH WILL DIE TOTALE LEIDENSCHAFT, EINE AMOUR FOU! LEBEN UND TOD IN DER LIEBE. RAVELS BOLERO OHNE ENDE.

Es gibt auch für mich greifbarere Aphrodisiaka: Vollmond, Sternenhimmel, Sonne auf nackter Haut, Farbkombinationen, warme Stimmen, neue Blätter an eigenen Pflanzen, weiche Kissen.

Alles, was keine Kanten hat.

Kann man auch Kochen, Backen, Skat und Doppelkopf zur Erotik zählen? Wenn ja, habe ich ein ausschweifendes Liebesleben. Leute sagen mir am Telefon und auch von Angesicht zu Angesicht ständig: „Wie aggressiv du bist! Es macht gar keinen Spaß. Dauernd hört man Ansprüche raus!“ Wenn die nur wüssten, wie sehr ich mich bremse.

DAS ABSURDESTE HOTEL DER WELT

Christian Morin

„Hey guck mal! Hey… Jetzt mach doch mal die Augen auf und schau dir die Steine an, die ich gefunden habe." Die Stimme lässt nicht locker. Ist mir egal. Kann mich mal. Unter mir ist Sand. Er rieselt überall hinein. Es ist bestimmt über 40 Grad. Ich döse vor mich hin, irgendwo in einer Zwischenwelt, und weigere mich, in diese Realität zurückzukehren. „Mensch jetzt mach schon!" Die Stimme und vor allen Dingen ihr fordernder Ton machen klar, dass es kein Entkommen gibt. Also gut, ich gebe auf. Langsam öffne ich die Augen. Fehler. Zu schnell. Stechendes gleißendes Sonnenlicht überflutet mein Gehirn. Es schmerzt. Ich lege meine rechte Hand über meine Augen, um sie zu schützen, und luge darunter hervor. Vor mir steht ein Feuerball. Das Ding ist schuld an dieser brütenden Hitze. Und vor allem an dieser fürchterlichen Helligkeit, an die sich meine Pupillen einfach nicht gewöhnen wollen. Vor dem Feuerball steht ein Wesen, das ich mit meinen gepeinigten Augen nur undeutlich sehen kann.

Groß, schlank, braungebrannt, mit langen, von Wind und Wellen zerzausten blonden Haaren steht sie da. Auf dem braunen Körper spiegelt sich das Sonnenlicht in Wassertropfen, die langsam die Haut herunterrinnen. Um die Taille ein rotes Tuch zu einem Wickelrock geschlungen. Beinahe lasziv. Die Brüste bedeckt von einem kleinen Oberteil eines Badeanzuges.

Ich ertappe mich bei einem „Ganz schön sexy"-Gedanken. „Darf ich das denken?"

Das, was da von Licht umhüllt vor mir schwebt, ist nämlich keine Erscheinung, nicht mein nächster Urlaubsflirt, sondern meine

Tochter. Zwölf Jahre alt und innerhalb des letzten Jahres plötzlich von einem Kinderkörper in einen Frauenkörper geworfen.

Abrupt setze ich mich auf. Der Schmerz lässt jetzt allmählich nach. Ich fange an, mich an das Licht zu gewöhnen, die Pupillen sind endlich ihrer Aufgabe nachgekommen und haben sich zusammengezogen. Wurde auch Zeit. Ist denn alles biologisch? Wir sind ein gottverdammter Chemiebaukasten und all unsere Gedanken und Gefühle werden von einem Haufen beknackter Hormone beeinflusst, die uns irgendwie dazu bringen wollen, unsere minderwertige Spezies zu vermehren, bis unser Planet irgendwann aufhört sich zu drehen, weil er voll ist von dieser Plage namens Mensch. Warum zum Teufel wollen sie jetzt unbedingt ausgerechnet aus *meiner* Tochter eine Frau machen? Wenn sie hier an diesem Strand entlang stolziert, schauen ihr plötzlich alle Männer auf den Hintern und auf die Brust, die plötzlich in rasender Geschwindigkeit gesprossen ist. Soll sich nur einer von diesen Aasgeiern wagen, sich meiner Tochter zu nähern...

„Kannst du jetzt bitte mal gucken“, genervter Ton. Eine Hand streckt sich mir entgegen. Gefüllt mit Steinen. Kleine rote, bläulich schillernde, andere durchsetzt von erstaunlichen Strukturen. Ich ergreife die Hand und schaue mir einen Stein nach dem anderen an. Einer hat es mir besonders angetan. Er ist ganz glatt und schimmert grünlich. Poliert von Milliarden Tonnen Wasser in Tausenden von Jahren. Fast kühl. Jedenfalls im Verhältnis zur übrigen Umgebung, die wie ein Backofen ist. „Lass uns gehen“, sage ich. „Ich halte es hier echt nicht mehr aus, und im Auto haben wir wenigstens eine Klimaanlage.“ Ich raffe unsere Sachen zusammen und stehe auf. „Noch einmal ins Wasser“, bettelt sie, doch ich habe genug. Von der Sonne, dem Strand, dem Meer. Ich kann nur noch an eins denken. Ein eiskaltes Bier. Ich kann fast spüren, wie es meine Kehle herunterrinnt. „Wir fahren zurück zum Hotel“, sage ich in einem Ton, der keinen Widerspruch duldet. Das bilde ich mir wenigstens ein. Es funktioniert.

Ohne weitere Diskussion treten wir den Heimweg an, zum absurdesten Hotel der Welt. Anders kann man den Kasten wirklich nicht bezeichnen. Eigentlich haben wir es auch nur aus Zufall gefunden. Wir waren nach Rom geflogen und wohnten die ersten Tage bei Freunden. Vater-Tochter Urlaub in Italien. Die ganze Stadt war eine unerträgliche Sauna mitten im Aufguss. Also wollten wir zum Meer. Einen Wagen mieten und los. Wir kauften eine Italienkarte und deuteten auf irgendeinen Punkt am Meer, an dem möglichst wenige Straßen und Städte verzeichnet waren. „Da müssen wir hin", behauptete ich, ohne im Mindesten zu wissen, wie es dort sein würde. Aber wenn man unterwegs ist, muss man sich von seinem Instinkt leiten lassen. Man kommt immer irgendwo an.

Der Wagen, den wir mieteten, hatte neben der Klimaanlage noch einen weiteren Pluspunkt. Einen CD-Player. Glück und Qual zugleich. Wir trafen von Anfang an ein Abkommen. Jeder durfte jeweils nacheinander eine CD bestimmen. In der Realität bedeutete das eine von meinen CDs und Christina Aguilera im Wechsel. Immer wieder und wieder. Mein Gott. Warum müssen pubertierende Mädchen auch noch einen eigenen Musikgeschmack entwickeln? Ich weiß nur, dass ich jetzt alle von Xtinas Songs mitsingen kann. Sie wurden mir förmlich auf die innere Festplatte gebrannt. Ob das wohl auch illegal ist? Wenn ich einfach Musik in meinem Gehirn speichere, ohne dafür etwas zu bezahlen. Das ist ja sozusagen eine Urheberrechtsverletzung. Na ja. Falls es jemals zu einer Anklage deswegen kommen sollte, habe ich mir auf jeden Fall schon eine gute Verteidigungsstrategie zurechtgelegt. „Hohes Gericht", werde ich sagen, „ich wurde sozusagen von einem Fast-Teenager zu diesem illegalen Download gezwungen." Damit wäre ich aus dem Schneider. Und sie könnte nicht belangt werden, da sie ja noch nicht strafmündig ist.

Es hätte mich auch schlimmer treffen können. Wenn ich mir zum Beispiel vorstelle, sie würde auf Boybands stehen. Oder auf so einen „Hol mich hier raus"-Typen wie diesen Kübeldinges. Dagegen ist

Christina echt harmlos. Sie verkörpert zumindest irgendwie eine starke Frau, die sich von Typen nichts sagen lässt, und das ist mir als Rollenmodell für die Pubertät meiner Tochter lieber als vieles andere. Und dieses „Sisters all around the world"-Gesinge ist ja fast schon Multi-Kulti-Feminismus. Irgendwie bin ich inzwischen so ein bisschen gehirngewaschen. Das muss ich schon zugeben. Ein wenig zu denken gegeben hat mir nur das dumpfe Gefühl, dass Christina in ihrem letzten Video plötzlich viel größere Brüste hatte. „Da hat doch jemand dran rumgeschnippelt", sagte ich zu meiner Tochter, „das wirst du doch jetzt nicht auch noch gut finden?" Vielleicht hatte man ihr aber auch nur geschickt in den Ausschnitt gefilmt.

Jedenfalls lief die Christina Aguilera-CD ungefähr zum tausendsten Mal im Player, als wir in unserem neuen Domizil ankamen. Wir waren einfach die Küstenstraße entlanggefahren und hatten Ausschau nach einer Unterkunft gehalten. Plötzlich hatten wir nicht weit von der Straße ein altes, verwittertes Hotelschild entdeckt. Sofort war ich abgebogen und hatte auf diesen alten zweistöckigen Kasten zugehalten. Das Ding sah aus, als wäre es aus einem Mexiko-Western gefallen. Quadratisch und mit einer riesigen Terrasse. Und selbstverständlich weiß gekalkt, das aber schon vor längerer Zeit.

Wir stiegen aus und gingen um das Haus herum. Das Gebäude schien recht unbewohnt zu sein. Wir wollten schon wieder gehen, als plötzlich ein alter hutzeliger Mann auf uns zukam, dessen wettergegerbte Haut vermuten ließ, dass er schon länger in dieser Brutkastengegend lebte. Auf Nachfrage erklärte er uns, dass er mit seiner Frau im Hinterhaus wohnt. Sie hätten das Hotel schon vor ein paar Jahren dicht gemacht, weil sie langsam zu alt würden, wenn wir jedoch dort übernachten wollten, könnten wir das gerne tun. Es gebe zwar kein Frühstück oder irgendwelchen Service, dafür wäre es aber billig. Zwanzig oder fünfundzwanzig Euro pro Nacht für ein Doppelzimmer.

Während wir nach oben gingen, stellte ich mir vor, wie wir uns gleich in einem umliegenden Lebensmittelgeschäft eindecken würden, um dann immer ganz allein auf der riesigen Terrasse zu frühstücken. Meine Tochter hingegen schien nicht besonders erfreut zu sein. Sie zog eine Teeny-Schmollmund-Grimasse und murmelte was wie: „Keine Klimaanlage, so'n Scheiß." Ich ignorierte sie einfach. Dann machte sich der Alte von dannen. Wir waren allein. Allein mit fünf Duschen auf dem Gang, zwei Klos und vielleicht 15 Zimmern. Irgendwie herrschte dort eine etwas gruselige Atmosphäre.

Und dann kam das Allerbeste: Wir hatten ein Doppelbett mit nur einer Decke. Das ging natürlich nicht. In einem Bett zu schlafen... kein Problem. Aber nicht unter einer Decke. Vorbei die Zeiten, als sich ein kleines Kind zu einem ins Bett kuschelte und an einen schmiegte, während man Geschichten erzählte. Die Veränderung des Körpers ändert auch drastisch alle Gewohnheiten. Plötzlich ist jede Berührung nur noch vorsichtig. Bloß nicht zuviel berühren.

Also musste eine Lösung her. Ich ging auf den Gang und schaute nach, ob irgendein Zimmer nicht verschlossen war. Tatsächlich. Kein Problem. Da wir ja sowieso die einzigen Gäste in diesem Kasten waren, bediente ich mich einfach und nahm eine Decke aus dem Zimmer mit. So konnten wir also unsere erste Nacht beide mit eigener Decke verbringen. Aber wenn wir dachten, dieser Zustand wäre damit als Status Quo von der Herbergsleitung akzeptiert, so hatten wir uns gründlich getäuscht. Als wir am nächsten Abend erschöpft von einem langen Tag am Strand ins Hotel zurückkehrten, war unser Zimmer aufgeräumt, das Bett gemacht und die zweite Decke verschwunden. Das ließen wir uns nicht bieten. Wir gruben das Kriegsbeil aus. Die alte Dame wurde fortan nur noch als mächtige Hexe angesehen und unser Kampf gegen sie und um unsere Decke wurde zu einer heiligen Mission. Wir zogen also los, um das uns zustehende Stück Privatheit zurückzuerkämpfen. Doch wir hatten nicht mit der Verschlagenheit der Gastwirtin gerechnet. Alle Zimmer waren verschlossen. Wir rüttelten an den Klinken, zogen und drückten an den Türen, es war nichts zu machen. Erschöpft gaben wir auf und setzten uns in den

Flur. Plötzlich erblickte ich einen kleinen Holzkasten, der an einem Ende des Flures an der Wand hing. „Sieht aus wie ein Schlüsselkasten", murmelte ich und ging zielstrebig auf das Ding zu. Ohne den geringsten Widerstand ließ es sich öffnen, und tatsächlich – der gesamte Inhalt bestand aus Schlüsseln. Glücklicherweise waren sie auch noch nummeriert, sodass es ein Leichtes war, ein Zimmer aufzuschließen und sich eine uns nach unserer Ansicht zustehende zweite Decke zurückzuerobern. So leicht ließen wir nicht locker. Da musste sich der alte Drachen schon was anderes einfallen lassen.

Am nächsten Tag hatten wir uns vorgenommen, einen Ausflug zu machen. Wir kauften Proviant ein und machten uns über lange gewundene Serpentinenstraßen auf den Weg in die Berge. Unser Ziel sollte eine kleines Städtchen sein, das sich auf der Spitze des höchsten Berges der Umgebung befand. Wir mussten verdammt viele Kurven fahren, bis wir endlich dort ankamen, dafür war die Aussicht um so eindrucksvoller. Man gelangte relativ schnell zu einem Kastell mit einer bombastischen Aussicht und zwanzig bis dreißig Kilometer Landschaft im Blick. Recht bombastisch. Diese Festung musste mal uneinnehmbar gewesen sein. Wir stellten uns vor, wie wir einfach Steine von den Zinnen werfen und die Feinde beim Ansturm auf den Berg wie Fliegen niedermähen würden.

Plötzlich trafen wir auf ein Verließ. Es sah ziemlich ungemütlich aus, so richtig mit einer ganz miesen „Hier kommst du niemals mehr raus"-Stimmung. Es stellte sich heraus, dass irgendeine Prinzessin in diesem Verließ gefangengehalten worden war. Sie schmorte dort fünfundzwanzig Jahre vor sich hin, bevor sie schließlich jämmerlich zugrunde ging. Das arme Ding. Wir waren echt betroffen. Ich versicherte meiner Tochter, dass ich so etwas niemals jemandem antun würde, es sei denn, die Person wäre total gemein. Insgeheim stellte ich mir jedoch vor, wie ich dort alle Christinas, Spice Girls, Kylies und was weiß ich noch einsperren und die Welt von diesem musikalischen Dauerbombardement erlösen würde. Ich würde hier wachen und ehe irgendjemand …

„Hey, wollen wir ein Eis essen gehen?“ Die Stimme meiner Tochter holte mich wieder in die Realität zurück. Zum Glück können selbst Teenager keine Gedanken lesen, sonst wäre jetzt Schluss mit eitel Sonnenschein gewesen und ich hätte mir eine saftige Rüge aufgrund meiner Allmachtsphantasien eingehandelt. Wir gingen ins Städtchen, um ein Eis zu essen. Als wir an einer Apotheke vorbeikamen, blieb sie abrupt stehen, drehte sich zu mir um, streckte die Hand aus und sagte: „Kannst du mir Geld geben? Ich muss mir Tampons kaufen.“ Ich war verblüfft. Keine Unsicherheit, kein Zaudern, obwohl es das erste Mal war, dass wir davon redeten.

Ich erinnerte mich an meine eigene Pubertät. Als Kinder waren wir immer mit meinen Eltern und deren Freunden an Baggerseen gefahren, an denen selbstverständlich FKK gebadet wurde. Plötzlich, mit elf oder zwölf Jahren, dem Sprießen der ersten Schambehaarung, weigerte ich mich, mich auszuziehen. Egal, ob alle anderen nackt waren, ich wollte eine Badehose tragen. Es gab dazu auch nichts zu erklären oder zu sagen. Es war einfach so. Ich merkte, wie sich diese Sprachlosigkeit in die Kommunikation mit der nächsten Generation übertrug. Was soll man darüber reden, wenn jemand plötzlich anfängt, die Badezimmertür abzuschließen. Es ist ein Statement: „Hier fängt meine Privatsphäre an.“ Punkt.

Wie kommen diese Phantasien in den Kopf von so vielen Lehrern, Vätern, Onkels, Familienfreunden, Pfarrern, weil ein kleines Mädchen plötzlich Brüste bekommt? Ich würde gerne begreifen, wissen, was dahintersteckt. Die sexuellen Phantasien generieren auch in mir Vorstellungen, die eigentlich nicht meinem Weltbild entsprechen, und dennoch starke sexuelle Gefühle auslösen. Was macht man damit, wenn man als Mann feststellt, dass die Vorstellung, eine Frau zu vergewaltigen, einen erregt? Warum bringt einem niemand bei, wie man damit umgeht? Wo ist unsere aufgeklärte Sexualität? Nichts, nur Stille. Es kostet doch einige Überwindung, diese Vorstellungen zuzulassen, als zu einem selbst gehörend zu akzeptieren, und zu verstehen, dass dies in keiner Weise einen Bezug zur Realität hat. Dass Phantasien dazu da sind, spielerisch mit jemandem ausgelebt zu werden, dem man vertraut. Vielleicht ein wenig so, wie die Lust beim Lesen eines brutalen Krimis oder dem Anschauen eines Gruselfilmes. Entscheidend ist der „So tun, als ob"-Effekt, aus dem man einen Kick ziehen kann, ohne sich oder jemand anderen einer wirklichen Gefahr auszusetzen. Wobei auch bereits Darstellungen von Gewalt verletzend sein können. Aber warum hat niemand mit uns als Jugendlichen darüber mal geredet, genau so wenig, wie wir mit der nächsten Generation reden, geschweige denn miteinander.

An die Phantasie, ein Kind zu missbrauchen, komme ich jedoch nicht mal im Entferntesten heran, so sehr ich versuche, alle Untiefen auszuloten.

Wie gerät das in den Kopf augenscheinlich so vieler Männer, und wohlgemerkt Männer, die dem Kind eigentlich emotional nah sein müssten, nicht böse Fremde. Wenn der Prozentsatz der Frauen in meinem näheren Bekanntenkreis, denen solche Dinge wiederfahren sind, einigermaßen repräsentativ sein sollte und man ihn auf die Gesamtgesellschaft hochrechnet, dann wird mir nur noch schwindlig. Diese Gedanken gingen mir durch den Kopf, als wir uns bereits wieder auf der Heimfahrt befanden.

Ich sah meine Tochter an. Gewiss, sie ist sexy, und ich darf das auch denken. Das Begehen eines so schrecklichen und brutalen Verbrechens hat wahrscheinlich viel damit zu tun, dass diese Menschen nichts von ihrer Sexualität zulassen oder ausleben konnten oder durften, ihr ganzes Leben lang, um sich dann irgendwann das schwächste Opfer auszusuchen. Was für eine Scheiße.

„Hey, pass auf!"

Der Ruf meiner Tochter riss mich abrupt aus meiner Gedankenwelt, und ich konnte gerade noch einem italienische Laster ausweichen, der plötzlich vor uns einscherte und sich anscheinend für einen Ferrari-Fahrer hielt.

„Va Vanculo!“, schrie ich zum offenen Fenster hinaus und fuchtelte wild mit den Händen umher. „Kannste jetzt auch Italienisch?“, grinste mich meine Tochter an, „was soll das denn heißen?“ Ich schaute zurück. „Nichts“, gab ich brummelnd zurück, um dann angestrengt auf die Straße zu starren, wohl wissend, dass es wörtlich übersetzt so was wie „Geh zum Schwanz“ bedeutet, ein übler Fluch, um jemanden recht drastisch aufzufordern, sich zu verpissen.

Dann bogen wir in die staubige Sandpiste ein, die zu unserem Domizil führte. Schon tauchte dieser Klotz wieder vor uns auf. Als ich kurz darauf die Tür zu unserem Zimmer aufschloss, wusste ich bereits, was uns erwartete. Unser Bett war sauber und ordentlich überzogen. Allerdings wie am Tag zuvor nur mit einer Decke. Meine Tochter machte auf dem Absatz kehrt und steuerte siegesgewiss auf den Schlüsselkasten im Gang zu. Sie rüttelte an dem Kasten und ich musste lachen. Sie drehte sich um und fauchte mich mit gereiztem Gesichtsausdruck an. „Was ist daran jetzt so lustig? Die blöde Hexe hat denn Schlüsselkasten einfach abgeschlossen. Was machen wir denn jetzt?“

Ich setzte einen geheimnisvollen Gesichtsausdruck auf. Wenn man es mit schwarzer Magie zu tun hat, muss man mit allen Wassern gewaschen sein. Ich nahm sie bei der Hand und zog sie in unser Zimmer. Dann murmelte ich ein paar unverständliche Worte, die nach Zaubersprüchen klangen, zog mit einem Ruck die Schublade unseres Kleiderschrankes auf – und tatsächlich, die zweite Decke lag noch an dem Ort, wo ich sie am Morgen versteckt hatte. „Sieg!“, schrie ich und riss beide Arme zum Victory-Zeichen nach oben. „Sieg!“, schrie meine Tochter und tanzte wie ein Derwisch im Zimmer umher. In manchen Momenten ist es gut, dass einen niemand sehen kann. Man hätte uns wahrscheinlich sofort ein eine geschlossene Anstalt eingeliefert. „Die Macht sei mit dir“, sagte ich beschwörend und legte eine Hand auf den Kopf meiner Tochter. Sie verdrehte die Augen und deutete eine mittelalterlich aussehende Verbeugung an.

So verbrachten wir auch unsere letzte Nacht angenehm und im Gefühl großartiger Überlegenheit. Der Laden blieb, was er war: das absurdeste Hotel der Welt.

BLUTEN UND BRÜSTE

Annette Berr

„MAMA!" Ich rang nach Luft, die Fliesen des Badezimmers schlugen Wellen, als ich spürte, dass ich mich nicht mehr aufrecht halten konnte. Noch im Fallen versuchte ich mich abzustützen, meine Hände fanden die Klobrille, aber meine Arme waren wie Gummi. Ich krachte in die Knie, das Gesicht in der Porzellanschüssel, bereit, mich zu übergeben, starrte ich in die Pfütze aus leuchtendem hellroten Blut. Mir wurde schwarz vor Augen.

Als ich wieder zu mir kam, rüttelte jemand unsanft meine Schultern. Stöhnend versuchte ich den Kopf zu heben, was mir aber nicht gelang. Die besorgte Stimme meines Vaters drang an mein Ohr, doch meine Mutter scheuchte ihn aus dem Bad: „Raus hier. Auch die Jungs, raus hier! Und macht die Tür zu." „Mama," flüsterte ich entsetzt, „ich glaube, ich muss sterben."

Natürlich starb ich nicht. Ich war nicht einmal krank. Ich erlebte lediglich meine erste Periode. Und obwohl ich schon fast fünfzehn war und bestimmt über hundert Bravo-Hefte durch meine Hände gegangen waren, hatte ich nicht damit gerechnet, dass es auch mich treffen würde. Und wenn, dann hätte ich es mir nicht SO vorgestellt, so körperlich. So schrecklich blutig. Lebendiges, fließendes, rotes Blut. Genauso rot wie das Blut aus einer Schnittwunde. Nicht etwa totes Blut, fast braun und klumpig, sondern hellrot, fließend, lebendig – ein Stück meines Körpers floss aus mir heraus. Ich wurde mit jedem Augenblick weniger. Ein Teil von mir lag im Klo. Noch heute, sechsundzwanzig Jahre später, ist dieses Entsetzen für mich greifbar. Und noch heute ist es mir unerklärlich, wie ich geglaubt haben konnte, dieses Ereignis würde mich verschonen. Denn ich war gut aufgeklärt, von Schule und Elternhaus, dazu hatte ich mich bei „Doktor Sommer“ schlau gemacht, und trotzdem..., ich hatte es nicht auf mich bezogen. Ich war doch ein kleiner Junge, ich war Tante Gabis Neffin, wie konnte es da angehen, dass ich zur Frau wurde?!

Die winzigen Erhebungen meiner Brüste hatte ich bisher einfach ignoriert. Beim Lauftraining auf dem Sportplatz, wo ich meine üblichen zehntausend Meter absolvierte, lief ich wie gewohnt in Sporthosen, mit freiem Oberkörper. Die dezenten Hinweise meiner Sportlehrerin wies ich giftig zurück. Sie rief meine Eltern an. Von da an musste ich ein Sporthemd tragen. Solcherart verkleidet lief ich bei „Jugend trainiert für Olympia“.

Eine glimmende, leise Wut begann, die mich nie mehr ganz verlassen sollte. Was bedeutete es, zur Frau zu werden? Würde ich meine Freiheit verlieren? Müsste ich Männern dienen? Müsste ich heiraten, Kinder kriegen, kochen, putzen, mich kleinmachen? Ich bekam Angst.

Meine Weiblichkeit, die mich nervös machte, wuchs im Verborgenen. Die Brüste waren flach und nicht der Rede wert; ich konnte ohne Probleme im engen T-Shirt als Junge durchgehen. Und trotzdem hatten die Sweatshirts aus dieser Zeit (als ich in die 8. und 9. Klasse ging) alle einen extrem ausgeleierten Ausschnitt, weil ich während des Unterrichts (wenn ich mich langweilte) an meinen Brüsten herumspielte. Merkwürdigerweise griff ich dazu durch den Halsausschnitt. Ich nehme an, dass die Lehrer befremdet oder unangenehm berührt waren, aber es hat mich niemand auf mein Tun aufmerksam gemacht. Erst ein Nachbarsjunge sprach mich einmal darauf an. Ich schämte mich zutiefst. Und achtete von nun an darauf, das nicht mehr zu tun.

Ich verschlang Bücher, die mir von der Hälfte der Welt erzählten, in der ich nicht willkommen sein würde. Bücher über Seefahrerei und Reisebeschreibungen aus fernen Ländern. Ich suchte nach den wenigen Frauen, deren große, revolutionäre Ideen die Welt verändern durften. Ich suchte Nobelpreisträgerinnen, Präsidentinnen, Kanzlerinnen, suchte Frauen, die das Korsett der traditionellen Rolle gesprengt hatten. Und fand Mutter Theresa.

Zufällig geriet mir ein Buch in die Hände, das ich angewidert verschlang. In dem Buch wurde beschrieben, wie sich Männer in Kriegen verhalten, also alle Männer in allen Kriegen. Es ging um diese furchtbare Veränderungen, die Männer im Angesicht des täglichen Entsetzens vollziehen. Eine Beschreibung hat sich tief in mir eingebrannt: Um die Kameraden vor Ansteckung mit Syphilis zu schützen, war es im Vietnamkrieg angeblich eine gängige Praxis von mit Syphilis infizierten Soldaten, der Vietnamesin, nachdem sie sie vergewaltigt hatten, eine Handgranate in die zerfetzte Scheide einzuführen und den Sicherungsstift zu ziehen. Solcherlei Lektüre verstörte mich noch tiefer, als ich es ohnehin schon war.

Manchmal beobachtete ich die gutentwickelten Mädchen beim Dauerlauf auf der Aschenbahn und gruselte mich beim Anblick der schweren Brüste, die auf und ab wogten und wie eine Brandung gegens Kinn schlugen. Diese Brüste ließen mich an endlose Fruchtbarkeit und erdrückende Weiblichkeit denken. Keine zehn Pferde hätten mich mit solchen Brüsten auf die Bahn gekriegt. Die armen Tiere, dachte ich, Milchkühe, nur dazu geschaffen, kleine Soldaten und Vergewaltiger großzuziehen.

Wie schon Milliarden Mädchen vor mir kämpfte ich mich ganz allein durch diesen Dschungel. Obwohl wir auf Rufweite nebeneinander standen, war ich verstummt, und es gab nur wenige Bücher, die ich als Buschmesser gegen das wuchernde Unterholz der Verwirrung hätte benutzen können.

Meine Unsicherheit verbarg ich unter einem Mantel aus Wut. Manchmal war ich so wütend und verspannt, dass ich Wut erzeugte, und zwar bei wildfremden Männern. Es kam vor, dass ich hart wie ein Beil, mit vor Wut starrem Blick, in die U-Bahn stieg und fast im gleichen Moment beschimpft oder geschubst wurde. Es kam vor, dass ich in einer Disko rumhing und irgendeinen Typen, der mich begutachtet hatte, wütend anstarrte, und der dann aufstand, um mir sein Getränk ins Gesicht zu kippen. Da ging ich dann natürlich hoch wie eine Rakete, und es gab eine Rangelei, in die sich alle möglichen Leute einmischten.

Ich war so unsicher und zugleich so großkotzig, dass ich für Erwachsene kaum zu ertragen war. Diese Jahre gehören zu den Zeiten, die ich auf keinen Fall ein zweites Mal erleben möchte. Die beliebte Aussage: „Ach, könnte ich doch noch einmal jung sein!" ruft bei mir nur Kopfschütteln hervor. Alles, was vor meinem dreiundzwanzigsten Lebensjahr liegt, gehört in die Kategorie: Schwere Prüfungen. Und auch die Schulzeit ist ein eher dunkles Kapitel. Denn ich hatte ein extremes Problem mit Leuten, die über mich bestimmen durften, wie zum Beispiel Lehrkräfte, und wenn die auch noch männlich waren, drehte ich beinahe durch, weil ich sicher war, sie wollten mich zertreten.

Ich durfte kein Kind mehr sein. Ich sollte eine Frau werden und ich sollte lernen, mich in die Gesellschaft einzufügen. Das aber hätte bedeutet, anzuerkennen, dass Männer mehr wert sind als Frauen. Ist es da ein Wunder, dass ich keine Frau werden wollte? Ich wollte ein Mann werden. Ich wollte Freiheit!

Und so ergab es sich wohl fast zwangsläufig, dass ich um mich trat wie ein in die Ecke gedrängtes Wildtier. Ich wollte nicht gefangen werden. Ich wollte nicht hinter die Gitter der ‚Kleinfamilie, Spießigkeit, der Mann darf raus, die Frau ins Haus, eheliche Pflichten' und all das andere Grauen. Ich wollte mich selbst erfinden dürfen, wollte mich ausprobieren. Ich wollte die ganze Welt und nicht einen Rest davon.

Erwachsenwerden brachte zwar nach und nach Entspannung, aber noch heute kann es mir passieren, dass ich durchdrehe, sobald ich einen breitbeinigen Typen sehe, der mir signalisiert, ich sei ein Stück Dreck und er sei Gott. Ich kann dann kaum an mich halten. Ich möchte ihn beschimpfen. Es ist wie ein Zwang. Wenn ich in der U-Bahn zwei so Typen sehe, die mit krankhaft geöffnetetn Schenkeln vier Sitzplätze blockieren, dann muss ich mich sogar für eine einzelne Station dazwischen schieben. Bestimmt haben mich schon viele für bekloppt gehalten, wenn ich mich mitsamt meinen prallen Einkaufstüten in solch eine Lücke gezwängt habe, nur um dann wegen ein paar Zentimetern einen Streit zu provozieren.

Vor kurzem saß ich mit meiner Mutter und meiner Schwester oben im Doppeldeckerbus, als eine Horde pubertierender Nordafrikaner einstiegen und sofort mit Trampeln und Schreien ihren Terror begannen. Der Busfahrer stellte den Motor ab, gemahnte zur Ruhe, und alle Fahrgäste zogen die Köpfe ein. Die Jungs machten einfach weiter. Der Bus fuhr nach einigen Minuten wieder an. Ich sah schon Sternchen vor Wut. Nachdem ich mir das schwächste Glied der Truppe ausgesucht hatte, stand ich auf, zeigte mit meinem Finger auf den schwabbeligen, pickeligen Typen und brüllte im Kommisston: „Dir spritzt ja schon das Sperma aus dem Schädel! Du solltest dir vielleicht lieber mal einen runterholen!“ Nach einem Moment der Verwirrung schrie der Schwabbel: „Ey du, wenn isch schpritzze, denn kuhcks du, soviel Sberrma hass du noch nie gesehn.“ „Davon bin ich überzeugt“, brüllte ich zurück, „soviel hab ich noch nie gesehn, weil bei dir nämlich nie was rauskommt! Das hat sich alles angesammelt und quillt dir jetzt portionsweise aus den Pickeln.“ – Das ging noch eine Weile so weiter, aber diesem „intellektuellen Diskurs“ waren sie nicht gewachsen. Der Anführer sammelte seine gedemütigte Bande um sich und sie verließen unter hohlem Geschrei den Bus.

Wer weiß, vielleicht bekomme ich mal eine Faust ins Gesicht.

Aber es ist ein Zwang. Ich muss aufstehen. Ich muss etwas sagen. Ich muss meine Beine kraftvoll spreizen gegen gespreizte Männerschenkel. Es ist wie Armdrücken in der Kneipe.

Irgendwann wird das mal aufhören.

Da freue ich mich schon drauf.

DIE INAUGENSCHEINNAHME BESTÄTIGT DIE REALISIERUNG DES ZWANGS

Sieres

Wenn er sich erinnert, fängt es damit an, dass er im Auto seines Vaters saß, es war ein VW Bus. Er hatte ein Mädchenkleid an, spielte am Lenkrad Autofahren. Ihm ging es gut. Er spielte gern in richtigen großen Autos von Nachbarn oder Verwandten. Irgendwann haben seine Eltern – oder waren es seine Großeltern – gesagt, er sei ein Junge und kein Mädchen. Da war er vier Jahre alt. Von nun an waren Mädchenkleider verboten, in Autos spielen aber erlaubt. Er ging an die Schränke der Eltern und war schon als Kind privat ein Mädchen. Er wusste, dass etwas nicht stimmte, er war lieb und brav. Er hatte Angst, dass Schlimmes mit ihm passieren könnte, diffus, nebulös... So setzte er alles daran, nicht erwischt zu werden. Er war der liebe Bub und wäre doch so gerne wie Sigrid und Brigitte gewesen. Als er lesen konnte, las er alles, was es gab. Manchmal gab es etwas über Jungs wie ihn, in Meyers Lexikon oder im Spiegel.

Die Jahre gingen, das Wissen wurde größer, die Ängste auch, Casablanca grüßte von fern. Mit 13 oder 14, er weiß es nicht mehr genau, tat sich etwas. Manchmal schwoll etwas an, er dachte, er sei krank. Er tastete, fand es nicht unangenehm, er fantasierte, aber anders, als es ihm andere Jungs erzählten. Je größer es wurde, um so mehr schämte er sich. Soviel er auch über sich selbst wusste, über seinen Körper wusste er am wenigsten. Als er die Mutter fragte, sagte sie, das sei normal, er sei nun bald ein Mann, ein Rasierapparat müsse auch noch her.

Das Schlimmste war der Sportunterricht. Die anderen Jungs in der Umkleidekabine prahlten und protzten, wie groß ihrer sei. Er versteckte sich oder wurde krank und ging nicht hin. Bloß nichts damit zu tun haben, nur nicht darüber sprechen. Es ist nun mal da, aber nicht so wichtig wie etwas anderes, was er nicht hatte. Das private Mädchen wuchs und gedieh mit ihm weiter, unbemerkt von der Außenwelt. Als die Mädchen, die er kannte, einen Busen bekamen, war er neidisch. Öfter, wenn er im Bett lag, hatte er unter dem Pyjama seinen eigenen kleinen Busen aus Taschentüchern gebastelt. Seine Fantasien bewegten sich nur um ihn herum, er sah sich als das perfekte Mädchen, vielleicht ein wenig wie aus dem Neckermannkatalog. Er suchte immer mehr die Nähe zu Mädchen, hatte lange Jahre eine feste Freundin. Es passierte aber nicht das, was sonst passiert. Er redete, er hörte zu, sie sprach, aber er sprach nicht. Er war gut im Auftreten und im Mittrinken, die anderen Burschen schätzten ihn. Als er so 16 war: Auf Partys mit Mädchen knutschen, das konnte er auch. Was sie mit den Mädchen sonst machten, war nicht seins, er sprach nicht. Trinken, Politik, Agitieren, sich für Autos interessieren, aber sich ansonsten möglichst unauffällig verhalten, das brachte ihn weiter durch die Zeit.

Mit 20 traf er eine Frau. Sie wollte mehr als nur die Knutscherei, sie wollte immer mehr. Er verweigerte sich, es gab Streit. Irgendwann verführte sie ihn, nahm ihm alles aus der Hand. In seinem Kopf war alles umgedreht. Als sie ineinander waren, fühlte er sich gar nicht mal schlecht. Aber der Weg dorthin blieb ihm wesensfremd. Frauen, die er so mochte, alle wollten sie das. Er versuchte, sich zu erklären, nur niemals ganz. Sie sagte: „Geh doch gelegentlich als Frau."

Die Haare wurden länger, das Schminken perfekter, die Kleidung eleganter – und sie, die Ehefrau, hatte nicht gedacht, dass es so sein würde. Sie forderte die Pflichten des Ehemanns, er konnte nicht. Es gab Szenen, Streit, Theater, dann nahm sie sich Liebhaber. Er schaukelte sich weiter durch die Zeit. Mit Flaschen, mit Knutschfreundinnen, ein wenig studieren, ein bisschen jobben. Eine Affäre, und noch eine Affäre, wieder Dramen und Beschimpfungen: „Du Tunte.“ Mit 30 ging das nicht mehr, Geld war alle, die Haare mussten ab. Ein Schlips wurde gekauft und der erlernte Beruf ausgeübt. Immerhin: er hatte mit Autos zu tun. Schnell war er in einer Führungsposition. Nun wurden Perücken gekauft. Das Leben wurde zum Exzess. Jedes Wochenende …

Freund Hein kam öfter in die Nähe und winkte schon gierig. Manchmal klopfte er schon an die Tür. Sie hatte aber noch keine Lust mitzugehen.

Irgendwann entschloss sie sich doch noch, ihre Pubertät selber zu machen. Sie hatte jahrzehntelang getrunken und dachte, eine besoffene Pubertät, das kann es nicht gewesen sein. Sie hörte auf, legte die Flasche weg. Wie das gelang – fast ein Wunder. Das Besondere an ihrer neuen Pubertät war: sie brauchte dafür Ärzte. Nicht einen, mehrere. Erst mal einen normalen. Der sagte, sie müsse jetzt ihre Pubertät einleiten. Dann Fachärzte, die auch entscheiden mussten, ob diese Pubertät richtig ist. Ihr Job als Männerdarsteller ernährte sie sehr gut. Der Preis war jedoch zu hoch, das ständige Hin und Her. Das blutig rasierte Gesicht, der angeklebte Busen, Stress, Arbeit ohne Ende, um die wenige Freizeit leben zu können und diese Rolle verlassen zu können. Die ungeliebten Gesichtshaare wehrten sich, es bedurfte Tausender von Blitzen, die weh taten, und langsam, langsam mussten die Gesichtshaare aufgeben. Gleichzeitig bekam sie Spritzen, die stachen. Nach gar nicht so langer Zeit merkte sie ein Kribbeln, ein Jucken, ein interessantes Gefühl, wenn sie in den Spiegel schaute. Da wuchs etwas vorn. Das, was sie früher mit Strümpfen, Watte und anderen Konstruktionen hergestellt hatte, das wuchs nun aus dem Körper. Langsam, fest, mehr, nicht ganz so viel wie sie dachte, doch es reichte, sie freute sich. Irgendwann dachte sie, mit den Spritzen ist es genug, und nun nimmt sie hier und da eine kleine Pastille. Jetzt waren ihre Brüste so groß wie zwei Äpfel. Sie könnte noch mehr machen lassen. Doch es genügte ihr und auch ihren Partnerinnen. Und unten stand es immer weniger. Je weniger es stand, umso mehr stand es ihr. Jetzt konnte sie Gefühle ausleben, die ihr entsprachen. Die vielen Ärzte um sie herum, die wussten, wie eine solche Pubertät zu funktionieren hat, es wurden immer mehr. Manche wollten, dass man noch dieses täte und jenes, es gehöre schließlich zu einer solchen Pubertät. Irgendwann sagte sie: „Nein danke, es ist genug, ich glaube, ich habe das, was ich brauche".

Zur sozialen Absicherung ihrer Pubertät wollte sie den passenden Vornamen. Sie wurde Aktenzeichen 717URIII287/ 97. Das Gericht wollte auch ärztliche Gutachten, ob sie auch eine sei, eine Frau. So steht es in einem Gesetz, in Deutschland gibt es für so etwas tatsächlich ein Gesetz. Gutachter mussten her, sogar zwei. Die schrieben: „Bei allen Untersuchungen war Frau ... bewusstseinsklar und allseitig voll orientiert. In Antrieb, Psychomotorik und Mimik fanden sich keine wesentliche Abweichungen von der Norm, abgesehen von einer nicht im biologischen Geschlecht entsprechenden Gestik. Der formale Gedankengang war geordnet, inhaltliche Denkstörungen im Sinne von Wahngedanken, Halluzinationen oder illusionären Verkennungen fanden sich nicht. (...) Diagnostisch handelt es sich um folgende Gesundheitsstörung auf neuropsychatrischem Fachgebiet: Mann zu Frau-Transsexualität im irreversiblen Stadium (ICD10: F64.0) (...) Ergebnis: Der Antragsteller empfindet sich seit mehr als drei Jahren dem weiblichen Geschlecht zugehörig, er steht mindestens seit dieser Zeit unter dem Zwang, entsprechend dieser Vorstellung zu leben. Es ist mit hoher Wahrscheinlichkeit anzunehmen, dass sich dieses Zugehörigkeitsgefühl zum weiblichen Geschlecht nicht mehr ändern wird."

Nach Abschluss der Begutachtung musste sie vor Gericht erscheinen. Zum Glück war sie geschminkt, mit langen Haaren und in Rock und Bluse erschienen.

Im Protokoll wurde vermerkt: „Die In-augenscheinnahme bestätigt die Realisierung des Zwangs."

Ihre Namenswahl war legalisiert. Vom Standesamt bekam sie eine neue Geburtsurkunde. Nun war sie weiblichen Geschlechts. Praktisch über Nacht, nach vielen Jahrzehnten. So hatte sie das eigentlich gar nicht gewollt, aber sie war jetzt amtlich eine Frau. So war sie von der einen in die andere Schublade gefallen. Wenn mann also kein Mann ist, muss man zwangsweise eine Frau sein. Auch Toilettenanlagen sehen entsprechende Einteilungen vor. Eigentlich sollte sie nun zufrieden sein. Viele Ärzte, das Gericht, das Standesamt, sie können nicht irren. Wenn so viele kompetente Menschen das sagen, muss es doch wohl stimmen – oder?

Periodic Fantasy
by Phoebe Gloeckner ©1989
girls
drowsy litt
egg cells grow
blossoming in
breasts develo
like a flower a
covered with
hair
A GIRL'S BODY
MOM, CAN I GET THIS TRAINING BRA? ALL THE OTHER GIRLS HAVE THEM
WHY MINNIE! YOU'RE JUST A TINY CHILD! YOU NEED TO DEVELOP YOUR ASSETS A BIT MORE... WHEN YOU BEGIN STRU-A- MEN- TING, YOU'LL GET A BRA.
Girls are me
truating earlier
nowadays. Scientis
say that since the in
vention of electricity
girls are exposed to
more light, causing
the pituitary gla
to secrete.
SO... IF I LEAVE THE LIGHTS ON WHILE I SLEEP, I'LL DEVELOP EVEN FASTER!
A GIRL'S BODY

MAYBE I'LL GET RESULTS BY MORNING!
I CAN'T PLAY LACROSSE WITH THE OTHER GIRLS TODAY, MISS HESS... YOU SEE, I'M MEN-STRU-A-TING.
WELL, MINNIE, GIRLS YOUR AGE OFTEN FIB, SO YOU'LL HAVE TO TAKE OFF YOUR CLOTHES TO PROVE YOU'RE DEVELOPED ENOUGH TO MEN-STRU-ATE.
ISN'T THAT CUTE... SHE'S AFRAID OF THE DARK. I'LL TURN THE LIGHTS OFF

WHAT BLOSSOMING!! SUCH A FIGURE IS A GREAT FORTUNE! AND FOR A GIRL ONLY EIGHT YEARS OLD! I WISH SOME OF THE OTHER LITTLE GIRLS COULD DUP-LICATE YOUR PROGRESS!!
BUT THAT MORNING...
NO RESULTS! AND THE LIGHTS ARE OUT!
WHY MINNIE!
MOM! WHY DID YOU TURN THE LIGHTS OFF? I WAS TRYING TO DEVELOP SOME VALLUABLE ASSETS BY STIMULATING MY PECUNIARY GLAND!
End

BACK IT UP, BOYS

Ein Interview mit Peaches

Sarah Diehl *Deine erste Platte „The Teaches of Peaches" erschien mir wie ein Infiltration von Pornographie, während die zweite Platte „Fatherfucker" mehr eine Aneignung von Heavy Metal und Rock-Ästhetik ist. Ist das eine Änderung oder eine konsequente Weiterentwicklung?*

Peaches Das erste Album war eine direkte Äußerung meiner Sexualität, ich wollte gar nicht auf Pornographie verweisen. Ich wollte einen Gegenpart zu dem machen, was männliche HipHopper und Rock'n'Roller machen, die auch so direkt darüber sprechen. Als ich das tat, war das plötzlich eine große Sache. Die Leute fanden es pornographisch und schockierend, dabei tat ich nur, was Männer tun. Ich wollte nicht schockierend sein, ich wollte auf dem gleichen Level agieren wie sie. Ich denke, mein Minimalismus schockierte sie, die Musik ist sehr minimalistisch und die Texte kommen auf den Punkt.

Sarah Diehl *Also war das zweite Album eine Antwort auf die Reaktionen auf deine erste Platte?*

Peaches Ja, ich wollte das Gender Bending, von dem sich anscheinend so viele Leute provoziert fühlten, noch weiter treiben. Komischerweise empfanden mich viele auf dem ersten Album als sehr männlich, z.B. wegen meines unadretten Haarschnitts. Und weil ich nicht überall rasiert war. Diese Hair Politics waren plötzlich so im Vordergrund. Dann hab ich mir halt für das Cover von „Fatherfucker" erst recht einen Bart gemacht. Ich hab mir gedacht, wenn sie das schon schockierend finden, dann mal sehen, was sie denken, wenn ich ihnen sage, das sie mit ihren Schwänzen wackeln sollen. Sollte normal sein, wenn ich mir seit Jahren anhöre, dass ich mit meinen Titten und meinem Arsch wackeln soll.

Sarah Diehl *Glaubst du, wenn ein Mann es so gemacht hätte, wäre es ähnlich aufsehenerregend gewesen?*

Peaches Nein, es ist so aufsehenerregend, weil Mädchen dieses Rockimage bisher weniger hatten. Die Mädchen schreien: „Ja, Peaches, sei dreckig“, weil sie keine Groupies in den Texten der Männer mehr sein wollen. Patty Smith wollte sein wie Keith Richards und nicht wie das Mädchen, das ihn anschmachtet. Was soll daran falsch sein, wenn du dich dem näher fühlst? Das sollte man mehr durchmischen können. Jungs wollen auch Groupies sein. Für mich bedeutet das näher zum vierten Geschlecht zu kommen, wo man sich um diese Kategorien und Abgrenzungen nicht mehr kümmern muss.

Sarah Diehl *Was ist dann für dich das dritte Geschlecht?*

Peaches Das dritte Geschlecht ist die Vorform, die von der Gesellschaft noch problematisiert und als pervers empfunden wird. Wenn wir zum vierten Geschlecht kommen, ist alles normal. Das wär doch fein. Derjenige, der am besten mit Gender Bending umgehen konnte, war Prince. Er war der beste, er war so gut, dass du es nicht mal gemerkt hast. Er trug die höchsten Schuhe, hatte die höchste Stimme und hatte die besten Gitarrensoli. Er ist die Nummer 1 im Gender Bending. In seiner Band waren immer viele Frauen, Shiela E. am Schlagzeug, Wendy und Lisa. Und niemand hat ihn extra als Drag Queen stigmatisiert. Deshalb sage ich auch, dass nicht immer nur die Frauen Gender Bending betreiben sollen, sondern gerade die Männer, die noch nicht so gut darin sind.

Sarah Diehl *Fällt Frauen Gender Bending leichter, weil sie sich eh mehr mit Sexualität beschäftigen müssen?*

Peaches Ja, weil sie ständig damit konfrontiert werden, in Musikvideos, in Magazinen, überall sind nur Frauen zu sehen. Wir werden andauernd sexualisiert und zu Objekten gemacht und wir wissen es. Deshalb müssen jetzt die Männer mehr ran und drüber nachdenken.

Sarah Diehl *Denkst du, dass Erfahrungen in der Pubertät für Jungs und Mädchen so verschieden sind, dass sie später unterschiedlich strikt bzw. locker mit ihrem Körper umgehen? Vielleicht weil ihnen mehr Verantwortlichkeit für ihren Körper aufgebürdet wird?*

Peaches Ich hatte das nicht die ganze Zeit im Kopf. Ich hatte Glück, weil ich wegen Menstruationskrämpfen mit 16 die Pille nehmen musste, so dass ich nicht extra danach fragen musste. Meine Eltern hätten sie mir mit 16 noch nicht erlaubt. Worüber die Jungs geredet haben, weiß ich nicht, ich war ja nicht dabei.

Sarah Diehl *Glaubst du, es ist in Deutschland ein weniger großes Problem, sich als Frau nicht zu rasieren? Oder ist das ein Mythos?*

Peaches Das ist ein Mythos. Hier sagen sie „Nein, aber in Spanien ist das kein Problem" und in Spanien sagen sie dir, „Nein, hier ist man sogar noch neurotischer deswegen". Weißt du, ich will aber auch niemandem erzählen, dass sie die Haare dran lassen soll; sie sollte nur die Wahl haben. Ich würde gerne ein Konzert machen, wo es so aussieht, als ob meine Haare während des Auftritts wachsen.

Sarah Diehl *Ist technisch leider nicht möglich, oder?*

Peaches Nein, aber es wäre cool.

Sarah Diehl *Wann hast du angefangen, dir die Beine zu rasieren?*

Peaches So mit 14. Da fingen die Mädchen an, sich gegenseitig zu erzählen, dass sie das müssen. „Wir müssen uns ab jetzt rasieren!" „Ok." Beim ersten Mal hab ich mir ordentlich ins Bein geschnitten. Meine Mutter hasste Körperhaare.

Sarah Diehl *Du hast eine Weile mit Kindern in einer Art Schauspielunterricht zusammen gearbeitet. In einem Interview sagtest du* *mal, dass du viel von der Ehrlichkeit und Spontaneität der Kinder gelernt hast.*

Peaches Ich wollte damals auch, dass sie die pure Kreativität beibehalten können, bevor sie in diese pubertären Wirrungen kommen und davon blockiert werden. Sie waren sehr jung, zwischen drei und sechs Jahren.

Sarah Diehl *Wie hast du das gemacht?*

Peaches Indem sie alles sein konnten, was sie wollen. Wenn ein Junge eine Prinzessin sein wollte, hab ich den Kindern gesagt : „Warum soll er das nicht sein, wenn er doch will." Ich wollte die Gruppendynamik fördern und nicht klare Anweisungen geben, wie sie sich zu bewegen haben und was sie spielen sollen.

Sarah Diehl *Wo wir schon bei Kindern sind ... Warum, denkst du, wirkt jemand wie Britney Spears, die sehr explizit auf Teenagersex anspielt, weniger schockierend als du, eine erwachsene Frau, die ihre sexuellen Vorstellungen artikuliert? Deine Platte wird ja in manchen Geschäften unter anderem wegen des Covers nicht verkauft.*

Peaches Es gibt im Rockbusiness keinen Platz für ältere Frauen. Es war eigentlich verrückt von mir, eine Rock'n'Roll-Karriere mit über 30 zu starten. Britney Spears ist leichter zu vermarkten. Ich denke, dass liegt an der Zielgruppe des Business. Die Zielgruppe für Musikvideos und Pornographie sind 18-25 Jahre alte Männer. Und sie versuchen natürlich immer, jüngere zu kriegen. Ich weiß nicht, ob es klappen wird, aus Britney eine Frau zu machen. Die Frau, die es bisher am längsten geschafft hat, ist Madonna. Ich mag ihre Musik zwar nicht so, aber ihre Geschichte.

Sarah Diehl *Zurück zur Pubertät. Was meinst du, was bei Jungs falsch gelaufen ist, wenn du ihnen erzählen musst: „Shake your dicks"?*

Peaches Ich denke, es ist die Panik davor, für homosexuell gehalten zu werden. Das ist bei Jungs viel schlimmer als bei Mädchen. Ich meine, komischerweise finden viele zwei Mädchen, die Sex haben, erotisch, zwei Männer aber ekelhaft.

Sarah Diehl *Was meinst du, woran das liegt?*

Peaches Das ist meine große Frage. Darum hab ich ja auch den Song „Back it up, boys" über analen Sex gemacht. Die verpassen nämlich echt was.

Sarah Diehl *Wie war denn deine Musiksozialisation? Hast du dich als Mädchen aus der Musik, die du mochtest, ausgeschlossen gefühlt? Hast du dich mit ihr identifizieren können? Wann hast du angefangen, Rock und Metal zu hören?*

Peaches Ich hörte viel The Who und Ramones, schon so mit zwölf. Damals lernten wir auf den Schulpartys diese ganzen sexy Tänze, wie „The Freak", der ging so (*Peaches steht auf, spreizt ihre Beine und macht mit ihrem Becken stoßende Bewegungen*). Wir trugen zwar alle Zahnspangen, haben aber solche Tänze gemacht. Wir jüdischen Mädchen standen hinter den Tanzenden und haben versucht herauszufinden, wie man sich so bewegt, und am angesehensten war es, mit einem schwarzen Jungen zu tanzen, weil die das am besten konnten. Also Disco war viel mehr mit Sex verbunden als Rock, außer vielleicht die Rockballaden, zu denen man auch zu zweit tanzen konnte und die Jungs ihre Hände auf deinen Hintern legten. „Stairway to Heaven" für zehn Minuten. Vor kurzem las ich, dass manche Songs in den Schulen nicht mehr gespielt werden dürfen, weil die Kinder darauf zu eng zusammen getanzt hätten. Dabei haben wir das doch auch schon gemacht.

Sarah Diehl *Hast du damals bereits einen Unterschied wahrgenommen, in welcher Weise du als Mädchen in Disco- oder Rockmusik vorkommst?*

Peaches Disco hat einfach viel mehr Spaß gemacht. Woran ich mich noch erinnern kann, ist, dass du, wenn du als Mädchen noch keine Brüste hattest, dich nicht getraut hast, mit Jungs auszugehen. Total idiotisch.

Sarah Diehl *Du meinst, du hast nicht das Recht, mit einem Jungen auszugehen, weil du ihm noch nichts zu bieten hast?*

Peaches Genau. Dann hab ich ein Mädchen getroffen, dass so flach war wie ich, und die mit Jungs ausging und das einfach für sich in Anspruch nahm. Dann hab ich gedacht, ok, das darf ich dann also auch.

Sarah Diehl *Kannst du dich daran erinnern, als dein Geschlecht in Bezug auf Musik begann, für dich an Bedeutung zu gewinnen?*

Peaches Es gab viele Schulbands, und da zeigte sich ganz schnell, dass nur die Jungs Instrumente spielten und die Mädchen höchstens mal in einem Song sangen. Aber das Mädchen Julie, die das tat, war mein erstes Rockidol. Durch sie hab ich gesehen, dass auch ich als Mädchen in einer Rockband singen könnte. Immer wenn sie sang, standen wir Mädchen in der ersten Reihe und feuerten sie an.

Sarah Diehl *Und wie sah es mit berühmten weiblichen Rockidolen aus wie Marianne Faithful oder Patty Smith?*

Peaches Ja, die hab ich sehr gemocht. Ihre Texte fand ich Yeah! Patty Smith hat zwar immer mehr aus der Sicht von Jungen geredet. Wie z.B. ein Vater, der seinem Sohn beibringt, zu mastubieren, und es war schon toll genug, dass eine Frau überhaupt so was erzählt. Aber leider sang sie nicht darüber, wie eine Mutter das ihrer Tochter beibringt. In meiner Familie gab es keine Musiker, es lag für mich eigentlich nie so nahe, Musik zu machen.

Sarah Diehl *Und wie hast du angefangen, Musik zu machen?*

Peaches Ich hab mit Akustikgitarre angefangen. Damals war für Mädchen mehr so Neofolk angesagt: Tracy Chapmen, Indigo Girls und Melissa Etheridge. Anfangs mochte ich die auch, weil das die einzige Ecke war, wo Frauen vorkamen, und dann wollte ich das auch machen. Und von da hab ich mich halt zur elektronischen Musik weiterentwickelt. Ist das jetzt peinlich?

Sarah Diehl *Nein, Anfänge sollten einem nie peinlich sein. Und zwischen der Akustikgitarre und Peaches, was war da?*

Peaches Da hab ich so Avantgarde-Jazz gemacht, doch die Jungs, die auf ihren Instrumenten rumwichsten, gingen mir auf die Nerven, deshalb wollte ich das auch nicht mehr.

Sarah Diehl *Ist die Figur Peaches ein feministisches Projekt?*

Peaches Es ist Egoismus. Und weil ich eine Frau bin, wird es als feministisch empfunden. Weil ich als Frau einfach darüber rede, was ich will. Ich habe vorher einfach nicht gewusst, dass ich das auch machen kann, und plötzlich entdeckst du die Runaways.

Sarah Diehl *Hattest du auch weniger Bock, diesen Männerrock zu hören, wegen der oft sexistischen Texte?*

Peaches Zunächst nicht, das kam später, als mir das bewusster wurde, so mit 20. „Über was für ne' Scheiße singen Led Zepplin denn jetzt schon wieder!"

Sarah Diehl *Wie war das für dich, etwas zu mögen, ohne das Gefühl zu haben, ein aktiver Teil davon sein zu können?*

Peaches Ja, das ist irre. Wenn du diese ganzen Songs hörst und auf einmal realisierst wovon sie handeln, dass sie sehr sexistisch sind und immer von Motherfucker reden. Dann muss es ja wohl möglich sein, von Fatherfucker zu reden. Das war auch ein Grund, warum ich mit elektronischer Musik anfangen wollte, gerade weil sich das viele Mädchen nicht zutrauten, denen gesagt wurde, dass Elektronik wie Mathe ist, was sie eh nicht können. Und ich wollte auch nicht so langweilig sein wie die Jungs, die vor ihren Laptops stehen.

ERSTE LIEBE

Ingrid Strobl

Catch your dreams before they slip away …
Jagger/Richards

Ich hörte ihn, bevor ich ihn sah. Er fraß sich aus dem Radio direkt in meine Eingeweide. Er slamte über die Saiten einer E-Gitarre, und jeder einzelne Ton wühlte das Innerste nicht nur meiner Seele, sondern auch meines pubertierenden Leibes auf. Er sprach – ohne Worte – all das aus, was ich empfand: Wut, Verzweiflung und eine verzehrende Sehnsucht nach dem Unbekannten, Aufregenden, Verbotenen.

Am nächsten Tag kaufte ich mir auf dem Heimweg von der Schule meine erste Bravo. Und hatte Glück: Mein neuer Gott, mein erster Gott, war darin abgelichtet. Und als ich ihn sah, war es endgültig um mich geschehen. Er hieß Keith Richards. Er stand neben Mick Jagger, und er sah so aus, wie ich gerne ausgesehen hätte. Denn ich vergaß damals häufig, dass ich ein Mädchen war.

Ich plagte meine Eltern so lange, bis sie mir einen Plattenspieler kauften. Er war orange, hatte das Format eines Kosmetikkoffers, man konnte ihn aufklappen und drei Geschwindigkeiten darauf abspielen; Singles liefen mit einer anderen als LPs. Die dritte Variante war für Schellacks, doch die besaß ich nicht. Vom Taschengeld kaufte ich mir „Out of our heads." Und das war ich fortan auch: out of my head. Ich gröhlte „I can't get no Satisfaction" mit, bis ich heiser war. Ich heulte „The last Time" in mein Kissen. Ich trällerte „Good Times" auf dem Schulweg. Die Welt war eine andere geworden. Ich war eine Andere geworden. Ich war ein einsames Wesen von einem fremden Stern, das mit den Spießern, den ahnungslosen Mitschülerinnen, den noch ahnungsloseren Lehrerinnen, mit der Ödnis der Provinz, dem Gesäusel, das normalerweise aus dem Radio drang, nichts mehr zu tun hatte. Ich schob mein Stones-Album auf den Plattenteller, legte mit immer wieder ehrfurchtsvoller Behutsamkeit den Tonarm an die ersten Rillen, drehte die Lautstärke hoch und hob ab.

Dann kam das Bravo-Poster der Stones zum Ausschneiden. Ich sammelte die einzelnen Teile und klebte das Gesamtkunstwerk an die Wand meines Zimmers. Meine Mutter riss es wieder herunter. Ich hasste sie dafür aufrichtig. Im Laufe der nächsten Jahre wuchs meine Plattensammlung ebenso wie meine Leidenschaft für Rockmusik und das Haar einiger Jungs in der Stadt.

Die Zeitungen berichteten über Rauschgift, Sex und hysterische Teenager, die bei Auftritten der Stones und Beatles kreischten wie am Spieß und in Ohnmacht fielen. Das mit dem Rauschgift fand ich hochinteressant, das mit dem Sex war noch nicht so recht meine Sache, und die Mädels verachtete ich zutiefst. Ich war nämlich einer von den Jungs. Zumindest in meinem Kopf. Oder besser gesagt Bauch. Mir wuchsen zwar Brüste (Horror!), und ich wand mich jeden Monat in den entsetzlichsten Krämpfen, bevor ich meine Tage bekam, es war also weder zu übersehen, noch zu überspüren, dass ich eine heranwachsende Frau war. Doch wenn ich etwas wirklich hasste, dann war es genau das.

Und so gestaltete sich meine erste Liebe gewissermaßen als ein schizophrener Zustand. Einerseits liebte ich Keith Richards, und die Vorstellung, er könnte mich – ganz lässig – in den Arm nehmen oder „I am waiting“ für mich spielen, trieb mich in etwas, das einer Trance ziemlich nahe kam. Andererseits identifizierte ich mich mit ihm und all den anderen Göttern, die ich in der Folge zusätzlich anbetete, von Eric Burdon bis Jerry Garcia, von Jim Morrison bis Lou Reed. Ich sah mich selbst auf der Bühne stehen, eine E-Gitarre in der Hand, Wut im Blick – und die Hölle entfesseln.

Die Tatsache, dass die meisten Stones-Texte zum Heulen frauenfeindlich sind, beeinträchtigte meine Anbetung und Identifikation nicht im Geringsten. Ich bezog sie schließlich nicht auf mich. Ich gehörte ja nicht zu diesen albernen Tussis, über die sie spotteten. Ich plärrte „Get off of my cloud" und meinte damit wahlweise eine Lehrerin, eine blöde Nachbarin oder auch schon mal meine Mutter, wenn sie wieder wissen wollte, was ich denn nur an diesen ungepflegten Langhaarigen finden würde. Mir war klar, dass sie es in Wahrheit lieber nicht wissen wollte. Ich hatte einmal versucht, ihr zu erklären, was diese Musik für mich bedeutete. Ich liebte nämlich meine Mutter, und ich hätte es wunderbar gefunden, wenn sie mich verstanden hätte. Hat sie aber nicht. Konnte sie auch beim besten Willen nicht. Dass ich genau das, was sie so entsetzlich fand, zum höchsten Ziel meines Lebens erkoren hatte, nämlich ein „Gammler", ein „Beatnik", mit anderen Worten: ein Langhaariger zu werden, verschwieg ich ihr vorsichtshalber.

Mir selbst verschwieg ich, dass dieser Karrieretraum nicht oder zumindest nicht vollständig realisierbar war. Denn bei einem Mädchen waren lange Haare damals, Mitte der Sechzigerjahre, schlicht und einfach normal. Schlimmer noch: Lange Haare galten als hübsch und weiblich. Hübsch aber war ich nicht. Und weiblich wollte ich nicht sein. Ich konnte also niemanden damit schocken, dass ich mir die Haare wachsen ließ. Zumindest damals noch nicht. Ein, zwei Jahre später gab es die Möglichkeit, die – langen – Haare hennarot zu färben und ein Hippieband um die Stirn zu schlingen. Mit eingewebten Goldfäden und, im Idealfall, kleinen indischen Glöckchen dran. Doch 1966 waren wir noch nicht so weit. Zumindest nicht in der Provinz. 1966 konnte ein Mädchen nur unangenehm auffallen, indem sie einen Minirock trug, sich die Augen dunkel umrandete und lange schwarze Striche unter die unteren Augenlieder malte.

All das tat ich, doch ich erreichte damit nicht, was ich bezweckte. Ich sah nicht *wild und verkommen* aus. Ich sah nicht aus wie Keith

Richards. Ich fühlte mich verkleidet. Mein wahres Ich wollte Jeans, Schlangenlederstiefel, ein schwarzes T-Shirt und – eben – lange Haare tragen. Männlich lange Haare. Was mir nun einmal nicht gegeben war.

Der Konflikt löste sich ein wenig, als endlich der zweite Teil der Heiligen Dreifaltigkeit Sex&Drugs&Rock'n'Roll den Weg in unsere Provinzmetropole fand. Mein Gott war gerade verhaftet worden, in seinem Haus hatte man Drogen gefunden, die Presse schäumte, und ich kaufte mir den Music Express. Da ich in den Ferien in einer Eisdiele gejobbt hatte, konnte ich mir diesen Luxus leisten. Das Foto, das Keith Richards auf dem Weg zum Gericht zeigte, schnitt ich aus und klebte es in mein Tagebuch. Und ich fand endlich auch ein weibliches Wesen, das ich anbeten konnte: Marianne Faithfull. Sie rangierte zwar ein ganzes Stück unter meinem Hauptgott, aber wenn sie „As tears go by" sang, lief es mir wohlig kalt den Rücken herunter, sie sah unglaublich cool aus, und außerdem war sie kein Groupie, sondern selber Musikerin. Groupies waren nämlich das Letzte. Um nicht zu sagen, das Allerletzte. Groupies waren *Weiber*. Und ich wollte noch immer *one of the boys* sein. Auch, wenn ich inzwischen meine Miniröcke, sobald ich außer Sichtweite meiner Mutter war, so hoch krempelte, dass sie ihrem Namen doch noch Ehre machten.

Rauschgift war mittlerweile zu einem der Lieblingsthemen der Presse avanciert, und wir – die paar selbsternannten Outlaws der Stadt – verschlangen die Berichte darüber, als könnten wir schon vom Lesen high werden. Bob Dylan sang „Everybody must get stoned", wir antworteten ihm mit „Don't bogard that joint, my friend, pass it over to me". Als wir endlich das erste Piece aus München bekamen, öffneten sich die Pforten des Paradieses. Nicht sofort, denn beim ersten Mal spürte ich nichts oder zumindest nicht viel. Aber das Piece war groß, und die Wirkung ließ nicht lange auf sich warten. Die Stones, die Doors, Grateful Dead, Eric Burdon, Pink Floyd, Velvet Underground, Jimi Hendrix und Janis Joplin hörten sich plötzlich noch intensiver, noch überwältigender, noch abgefahrener an. Und Mädchensein war auf einmal kein so riesiges Problem mehr. Vor dem Joint waren alle gleich. Und ich drehte verdammt gute Dreiblattjoints.

Stoned sein war ein wundervoller Zustand. Stoned sein und Rockmusik hören war noch wundervoller. Stoned sein und zur Musik abtanzen war das Höchste. Um zu „Street Fighting Men", „Waiting for the Man" oder „Piece of my Heart" zu tanzen, brauchte ich weder einen Partner, noch musste ich festgelegte Schritte einhalten, ganz im Gegenteil: Ich konnte das, was der Sound in meinem Kopf und vor allem in meinem Körper auslöste, völlig autonom in Bewegung umsetzen. Es kümmerte mich weder, ob jemand zusah, wie ich mich auf der Tanzfläche schüttelte, bog und in Zuckungen wand, noch, was jemand, der eventuell dabei zusah, darüber denken könnte. Wir tanzten alle so, wir waren alle stoned, wir hoben alle gemeinsam ab, wir verschmolzen mit dem Hämmern der Percussion, dem Dröhnen der Bässe, dem Locken und Klagen der E-Gitarren, wir *waren* Musik, wir *waren* Bewegung. Und ob du in diesem Moment ein Mädchen warst oder ein Junge, es spielte nicht die geringste Rolle. Die Verbindung von Rockmusik, Kiffen und Tanzen ermöglichte es uns unabhängig von Geschlecht und Herkunft die Flucht in einen Zustand der Freiheit, der Ekstase und der zumindest partiellen Selbstbestimmung.

Dass Einige aus meiner Clique nach der Disco das Dreischritteprogramm Sex&Drugs&Rock'n'Roll im Bett vervollständigten, war mir klar, aber noch wollte ich nichts überstürzen. Ich riskierte zwar eine ziemlich dicke Lippe, war allerdings noch immer so jungfräulich, dass mich jedes Kloster aufgenommen hätte. Dann spielte einer der Jungs, auf die ich ein vorsichtiges Auge geworfen hatte, „Ruby Tuesday" auf der Gitarre. Für mich. Der Text ging ihm schon bei der zweiten Strophe aus, doch das machte nichts, denn ich konnte ihn selbstredend vollständig auswendig. Schwerwiegender war, dass er weder wie Keith Richards aussah, geschweige denn so spielte.

Ich beließ es also bei dem vorsichtigen Auge, inszenierte aber einen neuen Tagtraum für stille Stunden: Keith Richards, zugedröhnt bis obenhin, fläzte sich neben mir (zugedröhnt bis obenhin) auf zerwühlten Laken und krächzte „She just can't be chained to a life where nothing's gained and nothing's lost“ in mein Ohr. (Das mit den „zerwühlten Laken“ hatte ich irgendwo gelesen. Es hatte mich tief beeindruckt.) Die Identifikation wich dem sexuellen Begehren. Allerdings nicht vollständig. Das nicht Einlösbare blieb in einer dunklen Seelenkammer bewahrt und meldete sich gelegentlich als zehrende Sehnsucht und heiße Wut zu Wort. Erst als eine Frau wie Patti Smith die Bühne betrat, erschien plötzlich das Unvereinbare möglich: So etwas wie ein weiblicher Keith Richards zu sein.

Jahre später wurde ich Feministin. Einige der alten Stones-Texte (von den neuen ganz zu schweigen) verursachten mir nun Magenkrämpfe. Zum ersten Mal hörte ich bewusst und mit ungetrübtem Verstand, was meine alten Götter von sich gaben. Die Tatsache, dass ich „Under my thumb“ und „Out of time“ laut mitgesungen hatte, trieb mir die Schamesröte ins Gesicht. Ich hätte seitenlange Pamphlete über die Frauenverachtung der Herren Jagger, Richards und Co. verfassen können. Ich tat es nicht. Denn wenn irgendwo eine Stones-Platte lief (zum Beispiel auf meinem Plattenspieler, wenn ich allein zu Hause war), und nicht gerade die schlimmsten Paradestücke dabei waren, wühlten die Töne, die Keith Richards seiner Gitarre entriss, noch immer meinen Körper und meine Gefühle auf – und mein Kopf hatte nicht die geringste Chance dagegen.

„AUF EINMAL SAGEN MIR LEUTE, ICH SOLLE LISA STERILISIEREN LASSEN."

Interview mit Andrea Losch

Sarah Diehl *Welche Erfahrungen in Bezug auf ihre Pubertät hast du mit Mädchen mit körperlichen und geistigen Behinderungen schon gemacht?*

Andrea Losch Ich habe mal ein Praktikum in einer Behindertenwerkstatt gemacht. Da war ein Mädchen mit Down-Syndrom, die ihre Tage bekam, ohne darauf vorbereitet zu sein, sie hatte keine Binden oder so dabei. Sie ist dann zu der Gruppenleiterin gegangen und hat gefragt, was sie jetzt machen soll, und ob sie vielleicht Binden habe. Die Gruppenleiterin fragte sie daraufhin, ob sie den gewusst habe, dass sie ihre Tage jetzt bekomme. Na ja, sie war halt etwas verwirrt und hat sich geschämt und hat dann gesagt, dass sie es gewusst hatte. Aber ich hatte den Eindruck, dass das Mädchen die Frage nicht richtig verstanden hat. Die Leiterin hat dann jedenfalls gesagt, na, wenn du das gewusst hast, dann bist du jetzt auch selbst schuld, und sie solle selber sehen, woher sie jetzt eine Binde herbekomme, sie könne ja eine andere Frau fragen. Die sind dort halt sehr darauf bedacht, ihre Leute zur Selbstständigkeit zu erziehen, und wollen so was nicht durchgehen lassen. Trotzdem fand ich das hart, ich meine, das kann doch jedem mal passieren, dass man Binden vergisst, passiert mir doch auch. Sie hat die Gruppenleiterin noch gefragt, ob sie ihre Mutter anrufen könne, damit sie was vorbeibringe. Dass hat die Leiterin aber nicht erlaubt. Das Mädchen hat sich dann so geschämt, dass sie sich hinter einem Tisch versteckt hat, sie hat sich nicht getraut, über so was mit den anderen Frauen dort zu sprechen. Ich bin dann mit ihr auf die Toilette gegangen und habe ihr eine von meinen Binden gegeben. Das Blut war schon durch die Hose gegangen, das haben wir dann so gut es ging rausgewaschen.

Sarah Diehl *Du hast selbst eine Tochter, Lisa. Sie hat das Angelman-Syndrom. Kannst du kurz erklären, was das ist?*

Andrea Losch Sie kann nicht sprechen und auch sonst nur sehr schwer kommunizieren. Ihr Bewegungsapparat ist eingeschränkt, sie kann nur sehr langsam und unsicher laufen und alleine essen usw.

Sarah Diehl *Sie ist vor ein paar Wochen zwölf geworden. Hast du mit den Erziehern in dem Heim, in dem sie manchmal wohnt, schon darüber geredet, was es für Lisa bedeutet, dass sie jetzt in die Pubertät kommt?*

Andrea Losch Nein, es gibt eh ziemlich wenig Austausch zwischen dem Heim und den Eltern und wenn, dann ist das oft nur oberflächlich und hat eher die Form von Rechtfertigungen. Vor kurzem hat eine Erzieherin gemeint, dass Lisa ja jetzt Brüste bekommt, und dass sie deshalb ihr Korsett verstellen müssen. Aber sonst gab es kein Wort darüber.

Sarah Diehl *Nimmst du Lisa als sexuelles Wesen wahr?*

Andrea Losch Ja, schon. Ich helfe ihr beim Ausziehen und lasse sie dann mal alleine, wenn ich merke, dass sie sich selbst stimulieren will.

Sarah Diehl *War Selbstbefriedigung auch Thema bei deiner Ausbildung zur Ergo-Therapeutin, die du gerade abgeschlossen hast?*

Andrea Losch Ja. Da gab es auch Broschüren, dass man ihnen helfen soll, wenn man merkt, sie wollen was in der Richtung machen, aber nicht so recht wissen wie. Also dass man ihnen beim Ausziehen hilft und sie auch anleitet, wie es geht. Das mache ich bei Lisa auch. Die Jugendlichen haben durch den institutionalisierten Tagesablauf im Heim kaum die Möglichkeit, überhaupt Sexualität zu erleben. Selbst der ganz normale Sozialkontakt unter den Kindern wird nicht wichtig genommen oder gefördert. So kommt vielleicht auch die Frage nach Verhütung nicht auf.

Sarah Diehl *Ihr habt also über Schwangerschaft und Verhütung noch nicht geredet?*

Andrea Losch Nein, komischerweise war das gar kein Thema, aber ich merke, wie das in meiner Umgebung jetzt zum Thema wird. Auf einmal sagen mir manche Leute, ich solle Lisa sterilisieren lassen.

Sarah Diehl *Hast du das Gefühl, die haben wirklich darüber nachgedacht, was das heißt?*

Andrea Losch Nein, die sind damit ziemlich schnell bei der Hand, aber wenn ich mal nachfrage, haben die keine Vorstellung darüber, was das bedeutet. Ich weiß es ja auch nicht. Ich weiß ja auch nicht, ob Verhütung in irgendeiner Weise notwendig wäre bei Lisa. Ich weiß ja nicht, was sie will. Ich kann ja nicht mit ihr darüber reden. Ich kann mir das auch gar nicht vorstellen. Im Heim geht das schon, dass zwei mal rumschmusen oder sich küssen, aber ich weiß nicht, wie weit das gehen kann.

Sarah Diehl *Findest du das nicht seltsam, dass so viele Leute so leichtfertig mit Sterilisation umgehen?*

Andrea Losch Die denken einfach, oh Gott, jetzt kann sie schwanger werden, also müssen wir sie sterilisieren lassen. Ich glaube, ein Stiefvater einer Freundin, der hat seine behinderte Tochter auch sterilisieren lassen. Aber die reden da nicht richtig drüber. Ich denke schon, dass das Thema Sexualität bei Behinderten noch ein Tabuthema ist und die Eltern erst mal allein damit klarkommen müssen. Ich weiß ja auch nicht, wie Lisa darauf reagiert, wenn sie bluten wird. Ich muss mich da mal beraten lassen.

I CANT CARE NOW

391

Avi Pitchon

27. August 1990 Heute ist mein 13. Geburtstag. Ich habe einen Leserbrief in einer Teenie-Zeitschrift gelesen. Es ging um Vegetariersein und mich hat er überzeugt. Mein guter Vorsatz an meinem Geburtstag ist also, dass ich kein Fleisch mehr esse und kein Leder mehr anziehe. Von jetzt an morde ich nicht mehr wie alle anderen!

21. Juni 1991 Heute hab ich ein komisches Mädchen kennengelernt. Ich bin jetzt im Landschulheim von unserer Schule. Heute mussten wir paarweise Aufgaben erledigen und ich hab's mit Daria zusammen gemacht. Sie ist drei Jahre älter als ich und ihre Augen sind groß und schön und sie hat mich so genau angesehen, dass ich das Gefühl hatte, ich werde in sie hineingesogen und wenn ich wieder rauskomme, bin ich genauso schön wie sie. Sie ist größer als ich und ihre Arme und Beine sind blass und dünn. Ich habe nie jemanden gesehen, der so dünn ist. Ich hab sie kein einziges Mal essen sehen, seit wir hier sind. Gestern Abend hat eine der Lehrerinnen sie gefragt, wieso sie nichts isst und sie hat nicht drauf geantwortet. Ich hab nicht verstanden warum, ich hab sie angelächelt, aber mir war's peinlich und ich hab mich blöd gefühlt und mein Tablett weggeschoben und einfach bloß dagesessen und meine Schuhe angestarrt, bis wir raus sind. Aber heute, als wir zusammen gearbeitet haben, hat sie gesagt, dass sie gesehen hat, dass ich kein Fleisch esse, und bevor wir zum Mittagessen gegangen sind, hat sie gesagt: „Nur die Hässlichen und Gierigen essen Fleisch. Ich bin frei und ich verunreinige mich nicht.“ Sie hat mir erklärt, dass sie versucht, ihre Schwäche zu überwinden und die Lügen oder das Leben des Körpers zu vergessen. Ich bin nicht mehr sicher, was sie gesagt hat. Ich hatte Hunger, aber ich hab nur ein paar Erbsen gegessen. Zwei Stunden später bin ich wieder in die Küche gegangen und hab aus lauter Hunger ein Butterbrot gegessen, aber ich kam mir blöd vor. Daria gibt einem das Gefühl, als würde man sie mit jeder alltäglichen Verrichtung beleidigen.

23. Juni 1991 Ich bin die ganze Zeit mit Daria zusammen, gestern sind wir die ganze Nacht aufgeblieben und sie hat mir erklärt, dass immer, wenn ich esse, die Außenwelt in mich eindringt und ich meine Seele verunreinige. Sie sagt, Fleisch ist Mord und Essen ist Vergewaltigung. All die anderen dringen in mich ein, sodass ich hilflos und schwach bin. Ich muss meine Seele schützen. Sie hat mir gesagt, wenn ich zwei Tage lang aufhören kann zu essen, dass sie mir dann ihr Geheimnis verrät. Heute habe ich nichts gegessen und ich habe echt schlimme Kopfschmerzen, also hat mir Daria ein Glas Wasser gegeben und gesagt, Mineralwasser ist ok. Sie hat gesagt, ich habe Kopfschmerzen, weil die schwarzen Strahlen ihre Gewalt über meine „Synapsen" verlieren. Ich hab's nicht genau verstanden, aber ich glaube, sie meint, dass das etwas Schlechtes ist, was uns mit Essen gefangen hält, und jetzt weiß es, dass ich mich wehre, also kämpfen Gut und Böse in mir gegeneinander. Also kein Wunder, dass ich Kopfschmerzen habe. Sie hat gesagt, heute abend gehen wir früh schlafen, weil mir meine Träume helfen werden.

24. Juni 1991 Ich hab mich an die Kopfschmerzen fast schon gewöhnt, ich stelle mir vor, wie das schwarze Licht rückwärts aus meinem Schädel tritt, und ich fühle mich, als würde ich rein werden. Während des Mittagessens hat uns dieselbe Lehrerin, die Daria gefragt hat, wieso sie nichts isst, mit raus genommen und uns gesagt, dass sie merkt, dass ich aufgehört habe zu essen und dass sie, wenn das so weitergeht, mit unseren Eltern sprechen wird. Daria meinte, dass das schon in Ordnung geht, und wir sind wieder an unsere Tische zurück und sie hat ein bisschen Kartoffelbrei und Salat genommen und mir gesagt, dass ich dasselbe machen soll, also haben wir beide gegessen. Ich musste fast weinen, aber nach dem Essen sind wir ins Bad gegangen und Daria hat gesagt, dass man mich noch oft zum essen zwingen würde, und hat mir gezeigt, wie man sich übergibt. Ich war zuerst geschockt, aber ich wollte schließlich das Geheimnis wissen, also tat ich es auch und war stolz, dass ich es auch konnte. Aber mein Kopfweh wurde schlimmer. Als es dunkel wurde, habe ich Daria da getroffen, wo der Wald anfängt, hinter den Schlafsälen. Sie hat mich umarmt und zum ersten Mal hab ich sie laut lachen hören und sie hat gesagt, sie kommt sich ein bisschen melodramatisch vor. Dann wurde sie wieder ernst und hat mir gesagt, dass sie zu einer Gruppe gehört und dass sie aufgenommen wurde, so wie ich aufgenommen werden würde. Sie hat erklärt, wir Mädchen seien gefallene Engel, und wir hätten eine Aufgabe zu erledigen. Sie sagte, dass diese geheime Gruppe schon seit Hunderten von Jahren existiert und dass die Gruppe in den zehn Jahren vor der Jahrtausendwende gewachsen sei und immer noch wächst und dass es einen Codex gäbe, der von verschiedenen Frauen über die Jahrhunderte immer wieder auf den neusten Stand gebracht wird. Zuerst hieß es Codex und dann Manifest und jetzt heißt es einfach nur 391. Es ist ein Teil eines dickeren Buchs, des Torch Heresy Almanch, das nur fünf von uns je gesehen haben. Unser Codex fängt auf Seite 391 dieses Buchs an. Dann hat sie mir ein paar fotokopierte Blätter gegeben und mir gesagt, dass ich jetzt soweit sei. Sie hatte einen Kassettenrekorder aus ihrem Zimmer mitgebracht und wir haben noch zwei Stunden lang unter den Bäumen gesessen, Tender Prey gehört und geredet. Morgen fahren wir alle nach Hause. Ich kann meine Eltern nicht mal angucken, ich werde sofort in mein Zimmer gehen und bis zum nächsten Tag da bleiben. Jetzt weiß ich, wie ich mich schützen kann.

Das Bedürfnis nach physischer Aushungerung wird verursacht durch die überwältigende Vorherrschaft des Körpers als Auslöser des Bewusstseins. Dieses Spiel ist seit dem Urknall das einzig existierende. Materie/Leben/Ordnung im Kampf gegen Energie/Abwesenheit/ En-

tropie. Nur die Formel gehorcht einem komplexeren Tanz. Jede Huldigung des Körpers erweitert die Grenzen des Universums und es ist der Körper – so glaubt es der Geist – der in seiner Erhöhung mehr Istheit schafft. Die westliche Philosophie bewegt sich im Kreis, weil sie männlich ist.

20. Juli 1991 Ich kann's jetzt fünf Tage lang aushalten ohne zu essen, nur Wasser und einen Lutscher pro Tag. Mit Cola-Geschmack. Mutter hat mich letzte Woche gefragt, ob es mir gut geht, und festgestellt, dass ich abgenommen habe. Letztes Wochenende waren Verwandte bei uns und wir haben ein großes Festessen zusammen gegessen, aber ich bin einfach hinterher auf die Toilette gegangen. Das ist absolut erstaunlich, aber je weniger ich esse, desto besser fühle ich mich. Manchmal hab ich das Gefühl, ich könnte mitten auf der Straße hinfallen. Bin ich tatsächlich auch einmal. Seitdem gehe ich einfach langsamer und mein Körper wird immer schwächer und meine Seele gelangt an Orte, an denen ich nie gewesen bin. Ich schreibe viel mehr und ich hab beschlossen, dass ich, auch wenn ich 391 teilweise nicht verstehe, ich es trotzdem einfach lesen kann, als wäre es Poesie, und dann weiß ich einfach, was mit mir passiert.

Die Fähigkeit zu visualisieren, phantasieren, theoretisieren und sich Veränderungen auf der Evolutionsachse vorzustellen: Das ist die Grundlage für die Negation früherer körperlicher Bedürfnisse und deren Transzendenz – wir wissen, wie irrelevant der Körper ist, und müssen nicht mehr darauf warten, dass er verschwindet – wir haben das Wissen, die Werkzeuge und den Willen, ihn zu zerstören, und werden daher die evolutionäre Mutation des großen Gehirns vorantreiben.

27. August 1991 Ich hab eine Karte von Daria mit Geburtstagsgrüßen bekommen, und außerdem hat sie mich heute angerufen. Sie hat gesagt, dass es nichts macht, wenn ich nicht alles von 391 verstehe, das tut sie auch nicht, und viel wichtiger ist es zu verstehen, was getan werden muss. Sie sagt, das Mädchen, das sie initiiert hat, hat ihr erklärt, dass einige Teile davon geschrieben wurden, als Wissenschaft und Poesie noch nicht so weit voneinander entfernt waren, und die Frauen, die es im 20. Jahrhundert aktualisiert haben, hätten versucht, diese Balance aufrecht zu erhalten. Ich bin so glücklich, dass mein Geburtstag in den Ferien liegt und ich nicht meine Klasse nach Hause einladen muss. Ich höre einfach Musik in meinem Zimmer, bis mir Dad sagt, dass ich aufhören soll. Gestern hat Mama gesagt, dass sie mit mir zum Arzt gehen will, aber ich bin bereit. Mein guter Vorsatz an meinem Geburtstag lautet, dass ich zwei Wochen lang nicht essen werde.

14. September 1991 Auf einer Tierschutz-Demo hab ich den Typen getroffen, der den Brief, den ich vor einem Jahr gelesen habe, geschrieben hat. Ich weiß nicht mehr genau, wie wir drauf kamen. Er hat ein bisschen wie ein Punk ausgesehen, aber irgendwas war anders. Ich hab ihn gefragt, warum er Lederstiefel trägt, und er hat arrogant und wütend so was geantwortet wie: „Ich bin dir wegen meiner politischen Entscheidungen keine Rechenschaft schuldig." Ich war enttäuscht und angewidert. Ich fand ihn zum Kotzen, aber ich wollte dort bleiben.

Zwangsernährung ist Pornografie, Pornografie ist die logische Konsequenz der Überbevölkerung.

1. November 1991 Dieser Typ führt jede Woche so eine Art Theaterstück im Left Bank Club in Tel Aviv auf. Ich bin heute hin und hab's mir angesehen, und da war eine Szene, wo er ein Messer rausholt und sich den Arm aufgeschlitzt und das Blut ist einfach nur so rausgelaufen. Als er das Messer rausgenommen hat, dachte ich erst, klar, Poser, aber dann er hat er's wirklich gemacht. Auch er bekämpft seinen Körper und das erinnert mich an was in 391; darüber, welchen Männern wir vertrauen können, was ich nicht verstanden habe. Aber als er aufstand und ihm das Blut den Arm runterlief, fiel es mir wieder ein, und plötzlich dachte ich, dass es da eine Verbindung gibt, nicht nur zu dem, was in dem Buch über Jungs gesagt wird, sondern auch zu dem, wie ich mich gefühlt habe, als ich es gelesen hab, weil heute Abend hab ich das wieder gespürt, diese Lähmung, die echt unheimlich ist, die aber auch nicht aufhören soll. Kann er davon wissen? Das ist undenkbar.

Das Gegenteil von Schwere ist Licht. Photonen sind die Träger unserer Frequenz, sie sind unsere wahre Dichte.

11. Februar 1992 Gestern bin aus dem Krankenhaus entlassen worden. Mama kam vor drei Tagen in mein Zimmer, hat mich am Arm gepackt und mich im Badezimmer auf die Waage gestellt und hat gesehen, dass ich auf 36 Kilo runter bin, und hat mich im Auto ins Krankenhaus gefahren. Zum ersten Mal haben sie eine Nadel in mich rein gesteckt. Ich hab kein Wort gesagt. Vor drei Wochen hab ich zum ersten Mal geblutet, jetzt ist also der Krieg ausgebrochen. Ich werde mit dem Bluten aufhören, weil Blut die schwarze Sonne ist, und das führt nur dazu, dass ich ihn will und mich von einem Engel in eine Frau verwandele. Gestern Abend im Krankenhaus habe ich geträumt, dass ich durch eine Ruinenstadt laufe, zerstört durch eine Invasion. Ich gehe in ein Gebäude, das viel älter aussieht als die anderen, und ich gehe die Treppe runter und unten im Erdgeschoss steht im Treppenhaus an die Wand geschrieben: SCHWARZ FLACKERT UND ROT SCHWÄRZT.

Das unmittelbarste Ziel der Aushungerung ist die Zerstörung der reproduktiven Fähigkeit. So lange das Portal des Hyper-Todes nicht gefunden ist, muss ein Gleichgewicht zwischen dem physischen Leben und dem Tod aufrechterhalten bleiben. Während wir uns unter lebenden Toten bewegen, werden wir die Reproduktion zerstören – dies ist eine Aussage, die verschiedene Bedeutungen auf verschiedenen Diskursebenen besitzt, von der Politik über die Moral, die Philosophie und schließlich das Mysteriöse. Wir werden die Reproduktion direkt bekämpfen, indem wir uns unfruchtbar machen, selbst wenn wir vergewaltigt werden. Es gibt einen Grund, weshalb der magersüchtige Schick vorherrscht, was weit über Marketing und Mode hinausgeht – es ist der Archetypus, den die Psyche einer sich selbst übermäßig vermehrenden Spezies hervorbringt. Der Archetypus einer unfruchtbaren

Frau. Einige werden sagen, das macht keinen Sinn, da es im Westen vorherrscht, während die dritte Welt an der Überbevölkerung leidet. Aber im Westen drückt die Sorge am stärksten, gepaart mit Ängsten vor dem Anderen – die nur zu Rassismus führen – und Vernichtung. Es gibt nur noch eine einzige Wahl, die die westliche Zivilisation noch nicht in Betracht gezogen hat – das Verschwinden. Materie herrscht über Leben und Tod, und sofern man nicht das Bewusstsein als Photon, als hyperzeitliches Gefäß verwendet, um den Körper zu übersteigen, dann wird man von den Würmern gefressen.

14. Februar 1992 Ich stehe in der Schlange vom Laden und die Leute drängeln sich einfach vor. Egal wie schlau ich bin. Egal was für eine Heldin ich bin. Egal wie brutal meine Rachevisionen in meinem Kopf aussehen. Ich kann nicht zurückschlagen, bevor ich nicht definitiv überlegen bin, und ich kann nicht definitiv überlegen sein, ohne zu werden wie sie. Ich kann sie nur bestrafen, indem ich verschwinde. Ich werde sie bestrafen, indem ich der Welt meine Schönheit entziehe. Ich werde sie mit meinem selbstgebauten KZ bestrafen, mit Trauer, Verwirrung und Hilflosigkeit. Ich werde sie bestrafen, indem ich niemals die Frau werde, die sie ficken wollen, niemals die Brüste ausbilde, die sie betatschen wollen. Ich werde... Mir ist sogar egal, ob ich sie überhaupt bestrafe. Ich werde die einzige Person bestrafen, die zu bestrafen in meiner Macht steht. Mich selbst. Diese Gewalttätigkeit braucht ein Ventil. Jeden Tag, die ganze Zeit bis zum Ende. Schmerz, gib mir deinen besten Schuss, schnapp nach meinen Pulverknochen, sprenge meine leeren Eingeweide. Der Rabe und die Tarantula, die Pharaonenkönigin und die jungfräulichen Selbstmörderinnen stehen mir bei.

16. Februar 1992 Da ist eine Gruppe von meiner Schule, die fast jede Woche in seine Aufführung gehen. Ende letzten Jahres hat er aufgehört aufzutreten, und Tamy vom Club hat uns erzählt, dass er wegen der vielen Schnitte eine Blutvergiftung bekam und aufhören musste. Heute hab ich ihn auf der Strasse gesehen und er kam rüber und hat mit mir geredet. Er hatte einen Verband um den Arm und den Arm in einer Schlinge vor der Brust. Er hat mir gesagt, dass er nächsten Monat noch einmal eine Aufführung machen wird. Dann hat er mich um meine Telefonnummer gebeten und gesagt, dass er mich anrufen wird, wenn er das genaue Datum weiß. Er ist zehn Jahre älter als ich, und ich verstehe eigentlich gar nicht, wieso er mit mir redet. Jetzt will ich geküsst werden, aber ich glaube, danach müsste ich kotzen. Dieser trockene Schmerz in meiner Kehle und die Herzschläge, die aus meiner Brust in meinen Kopf hochsteigen.

Wir werden mehr, indem wir den Funken im Blick unserer Schwestern entdecken. Wenn sie zu ihrer Bestimmung erwacht, dann wird unsere Gruppe eine Geburt erleben.

23. März 1992 Er hat seine letzte Aufführung gegeben. Die Szene mit dem Messer hat er durch eine längere Szene ersetzt, in der er, statt sich mit dem Messer zu schneiden, ins Publikum kroch, bis er an ein kleines Podium in der Mitte des Saals kam. Dann zog er seine Shorts aus und blieb nackt und fing an, was zu brüllen, aber ich hab's nicht verstanden. Dann hat er aufgehört zu reden, hat die Musik angehalten und hat eine große Burgerpackung von hinter der Bühne geholt und sich hingesetzt und den Burger zum Zeichen seiner Selbstzerstörung gegessen. Ich bin vor Wut fast explodiert und ich habe Maor gesagt, dass ich gehen will, aber er hat gebettelt, dass wir bis zum Ende bleiben. Als wir nach der Show die Treppe runter zum Ausgang gingen, stand er da und hat sich mit jemandem unterhalten. Ich habe einfach nur gesagt: „Kein Tier hat es verdient, für deine Kunst zu sterben." Ich will nicht mehr an diesen Idioten denken.

27. März 1992 Er hat mich angerufen und gesagt, er versteht, was ich wegen dem Fleisch zu ihm gesagt habe, aber er will mir erklären, warum er das gemacht hat, und hat gefragt, ob wir uns treffen können. Ein Teil von mir wollte den Hörer aufknallen, aber ich hörte meine Stimme „ja" sagen. Ich hab Daria angerufen und sie meinte, ich soll ihn nicht treffen. Später hatte ich wieder Krach mit meinen Eltern. Sie haben gesagt, sie werden mit einem Psychiater reden, und dass sie mich selbst dann, wenn ich nicht noch mal ohnmächtig werde, ins Krankenhaus in die geschlossene Abteilung für Magersüchtige schicken können. Ich will da wirklich nicht wieder hin, also hab ich gegessen. Ich hab das ganze Abendessen von vorne bis hinten gegessen. Meine Mutter ist mir hinterhergerannt, bis ich schlafen gegangen bin, und hat mich dann eingeschlossen. Ich hab „Junk Yard" zweimal auf voller Lautstärke gespielt, aber sie haben die Tür nicht aufgemacht. Ich hätte einfach in meinem Zimmer kotzen sollen, aber in dem Buch heißt es: „Am Altar gibt es keine negativen Ausströmungen." Was mich angeht, heißt das, vor der Stereoanlage wird nicht gekotzt. Zum Schluss bin ich einfach eingeschlafen und es ist alles in mir drin geblieben.

Der Kampf der Umkehrung ist der magersüchtige Körper. Hungern als Direct Action, als Halluzinogen, als Vorbote der dunklen Materie. Christen nennen es Opfer, aber das ist es nicht, denn es ist nicht passiv und keine devote Geste. Wir geben uns nicht Gott hin. Wir ordnen unsere Seelen neu, um wieder zu Gott zu stoßen. Es gibt keine Hierarchie. Es gibt bloß Quantenphysik. Wir sind die Gottmaschine und wir sind schön.

4. April 1992 Ich bin zu ihm gegangen und wir haben über das geredet, was er gemacht hat. Ich hab immer wieder gesagt, dass er sich opfern soll, aber kein unschuldiges Tier, und er meinte, dass ich vielleicht recht habe. Wir haben auf seinem Bett gesessen und er hat immer weiter Platten aufgelegt. Ich musste bei ihm auf die Toilette gehen und kotzen und als ich zurück gekommen bin, hat er nicht geschockt ausgesehen oder sauer. Er hat mich gefragt, ob ich magersüchtig sei. Normalerweise wäre ich einfach aufgestanden und gegangen, aber ich hab versucht, es ihm zu erklären, ohne ihm zu viel zu erklären, und er meinte, dass er anderer Meinung ist, und dass es keinen Sinn mache, spirituell voran kommen zu wollen, wenn man zum Schluss tot ist. Ich habe ihm gesagt, dass er sein Leben auch aufs Spiel setzt, und er hat gesagt, das wäre nicht dasselbe, weil, so wie ich drauf wäre, würde ich, wenn ich nicht aufhöre, mit Sicherheit sterben. Unsere Knie berührten sich und ich hab eigentlich gar nicht mehr zugehört.

18. Mai 1992 Ich bin wieder im Krankenhaus. Ich schreibe ihm ein 20seitiges Gedicht, in dem ich ihm erkläre, wieso ein einziger Keks alle meine Hoffnungen zerstören könnte. Meine Berichte und Tiraden über den alltäglichen Lebenskampf sind Teil einer Schlacht von einem Ausmaß, das er nie kennen lernen wird. Ich wiederhole einfach dieselben Sachen über die Reinheit des Geistes, und dass Essen Gift ist. Was nur die Spitze des Eisbergs der ganzen Wahrheit ist. Er denkt, ich bin einfach bloß philosophisch verwirrt. Er liest tatsächlich die ganzen Seiten von Anfang bis Ende und sagt mir, dass der Keks, egal wie verabscheuungswürdig und widerwärtig er ist, der einzige Weg ist zu dem, was ich suche, und daher untrennbar mit Gott verbunden. Das glaubt er tatsächlich.

3. Juli 1992 Ich habe acht Nahrungsergänzungspillen genommen, die ich bei ihm in der Küche gefunden habe, und dann sind wir draußen spazieren gegangen, aber von den Pillen ist mir schwindlig geworden, und wir haben beschlossen, wieder nach Hause zu gehen. Als ich beinah hingefallen wäre, hat er mich bei den Schultern gepackt und nach Hause getragen. Ich hab gekotzt und hatte unerträglich Magenkrämpfe, er hat mich gefragt, ob ich will, dass er einen Krankenwagen ruft. Ich hab's abgelehnt und er hat nicht mal versucht, mich doch davon zu überzeugen. Ich hatte die schlimmsten Krämpfe, nur dass es erst in Wellen kam und sich dann angefühlt hat, als hätte mich jemand erstochen und als würde sich die Wunde alle paar Minuten verdoppeln. Und jedes Mal wollte ich den Kopf mit voller Wucht gegen die Wand donnern, und er hat mich einfach gehalten, seine Arme um mich gelegt, seine Nase und seine Lippen in meinen Nacken gepresst. Nachdem ich zum dritten oder vierten Mal gegen die Wand gehauen bin, ließ er mich das nicht mehr machen, und jedes Mal, wenn ich vor

Schmerzen zucke, hält er mich noch fester, um die Schmerzen einzudämmen. Ich wollte nicht, dass es aufhört.

Materie, Leben und Ordnung sind nicht die Bastarde von Energie/Abwesenheit/Entropie. Das liegt daran, dass eine Schleife sichtbar wird, gespiegelt wird von der westlichen Philosophie – vom Sein zum Nicht-sein. Das Leben muss wieder zur Entropie werden, aber diese Pendelbewegung ist nur die Einleitung zur wahren Geschichte, kein Wunder, dass niemand je dort Gott gefunden hat. Materie und Leben sind lediglich vulgarisierte Energie und Entropie. Die Bewegung vom einen zum anderen ist nur dass was den Sprung dahin ermöglicht, wo Ordnung wahrhaft rein ist. Dorthin, wo Gott ist.

4. Juli 1992 Als ich nach Hause gekommen bin, hat mich Mama nur einmal angesehen und mich dann sofort in die Notaufnahme gebracht. Die Ärzte haben gesagt, dass da tatsächlich irgendwas in mir geplatzt wäre, und dass ich eigentlich tot sein müsste oder blind oder so. Ich glaube, ich habe den dritten Übergang, von dem in 391 die Rede ist, geschafft, aber Daria kann ich nicht fragen, weil sie vor drei Monaten das Land verlassen hat, und seither hatten wir keinen Kontakt. Ich bin ziemlich sicher, dass ich auch noch den vierten Übergang schaffen werde, dann verliere ich endlich meine Fruchtbarkeit und werde auch andere initiieren können. Da sind zwei Mädchen, von denen ich glaube, dass ich mit ihnen reden kann, eine in der Schule und die andere in der Tierschützergruppe.

24. Juli 1992 Ich bin gerade rechtzeitig zum Lush-Konzert aus dem Krankenhaus entlassen worden. Ich habe meine Lieblingsklamotten angezogen, meine schwarze Hose und mein PVC-Oberteil, ging mit meinem Colalutscher durch die Menge im Saal und dachte, das sei ein guter Zeitpunkt für den vierten Übergang. Lush waren auf der Bühne und ihre Gitarren erheben sich zu einer riesigen Wand von kristallenen Wellen, ihre zwei Stimmen, die zusammen wie ein ganzer Frauenchor klingen, öffnen jede Tür in mir. Splitter aus Licht und geometrische Figuren strömen über die Bühne. Ich sehe mich um und entdecke, wonach ich gesucht habe, eine Schwester in ihrem zweiten Übergang, weit genug, um ihr Ziel zu fühlen, aber noch nicht in der Lage, es zu verstehen. Deshalb ist sie noch voller Angst. Ich richte meine brennenden Augen auf ihre und entzünde. Meine Blicke schießen in den 360 Grad Orbit, Lichtspiralen und Flammenzungen treten aus mir hervor, die Musik wird rhythmisch, und ich dachte, ich habe es hinter mir.

Doch nach dem Ende kam der Showdown. Ich bin schon wieder im Krankenhaus aufgewacht. Ich war drei Tage bewusstlos. Ich wäre fast in die schwarze Sonne reingefallen, aber sie haben mich aufgehalten. Ich glaube, ich werde jetzt nicht mehr so leicht davonkommen. Meine Eltern und die Ärzte meinten, sie würden mich nun genau beobachten und mich zur Not immer wieder an die künstliche Ernährung dranstöpseln. War's das jetzt mit 391, jedenfalls bis ich volljährig bin? Aber vielleicht gibt es einen anderen Weg. Hier in meinem Fieber fühle ich manchmal das Gleiche wie auf dem Konzert, was irgendwie keinen Sinn macht, weil ich bereits seit mehreren Tagen künstlich ernährt werde. Es erinnerte mich an etwas, was ich fühlte, Jahre bevor ich Daria traf. Als ich klein war, hatte ich Fieber und machte Fingerspiele, um mich abzulenken. Der Daumen fährt über die anderen Fingerspitzen. Ich hab mich nur noch auf diesen Teil meines Körpers konzentriert und bin wie versteinert geworden. Und ich hatte dieses Bild vor mir: eine Nadel, die in einem pulsierenden Raum an einer riesigen vernebelten Öffnung vorbeischwebt. Vielleicht hatte ich das aus dem Time-Life-Buch, wo ich mal die Spitze einer Nadel 1000-fach vergrößert gesehen hatte. Das Gefühl meines Körpers und die Nadel als Bild, ich liebte es. Vielleicht hatte er recht damit, was er über das Essen von Keksen und das Füttern der Seele gesagt hat. Ich werde in dieser grauen Welt bleiben.

27. August 1996 Ich bin heute 18 geworden. Ich hab grad noch mal gelesen, was ich so mit 13 geschrieben habe. Ich fühle mich schon wie eine gealterte Partisanin. Ich hab versucht, Reinheit und Schönheit in diesem banalen Leben zu finden. Ich hab 391 aufgegeben und bin eine Frau geworden. Oder so was in der Art, ich war damals fanatisch oder konsequent genug, sodass ich jetzt jedenfalls keine Kinder mehr bekommen kann. Aber das Wissen darum trage ich stolz mit mir herum wie eine schöne Narbe. Ich esse, ich ficke, ich trinke, ich schniefe. Das Erhebende existiert auch im körperlichen Leben, aber es ist so verdammt flüchtig. Ich weiß nicht, ob es genug davon gibt, damit ich durchhalten kann. Ich bin wie ein Schläfer, der darauf wartet, aufzuwachen. An dem Tag, wenn alles grau wird, werde ich alles schwarz machen. Das wird ein schöner Tag zum Sterben werden.

Übersetzt von Conny Lösch und Sarah Diehl

„DA GIBT ES IRGENDWIE KEINEN WEG RAUS“

Ein Gespräch mit Stu Mead

Sarah Diehl *Was hast du gemalt, bevor du anfingst junge Mädchen zu malen?*

Stu Mead Ich malte mehr surreale Bilder, dunkle traumhafte Geschichten. Ich war sehr beeinflusst von Leuten wie Otto Dix und der Erzählweise von James Joyce. Ich malte Häuser, in die man reinschauen und den Personen beim Leben zusehen kann. Was mich damals sehr beschäftigte, war die Krankheit meines Vaters, ich malte z.B. ein Bordell mit vielen Frauen, wo gleichzeitig ein alter Mann zur Tür reinkommt mit seiner Tasche, als würde er gerade von der Arbeit nach Hause kommen, der dort total deplaziert war. Die Situation war so komisch sexualisiert, so als ob Sexualität immer Flucht sei.

Sarah Diehl *Und du bringst in den Bildern immer beides zusammen, das Mittel, mit dem man fliehen kann, und die Quelle des Unbehagens oder der Angst?*

Stu Mead Ja.

Sarah Diehl *Wann hast du angefangen, die Mädchen zu malen?*

Stu Mead Die waren von Anfang an Thema bei mir, aber ich hab das eher in meinen Skizzenblock gelassen und keine Bilder daraus gemacht. Damit habe ich erst Anfang der 90er Jahre angefangen. Ein Freund wollte mich an eine Galerie in Berlin vermitteln, und weil es so weit weg war von Minneapolis, wo ich her komme, dachte ich, ich könnte etwas Neues anfangen. Also schickte ich ihnen Bilder mit den Mädchen, aber sie mochten meine älteren Arbeiten mehr. Sie hatten auch etwas Angst von den Reaktionen der Passanten, da die Galerie ein großes Schaufenster hatte. Sie verwiesen mich aber auf die Galerie endart in Berlin, die dafür eher geeignet war. Und so zeigte ich die Bilder dieser Art erst hier und bekam gute Reaktionen. Mir war immer klar, dass ich mich damit in Gefahr begebe, dass man glaubt ,ich sei pädophil.

Sarah Diehl *Hast du solche Vorwürfe schon gehört?*

Stu Mead Bisher nur in der Ausstellung im Kunstamt Bethanien in Berlin, und in Minnesota beschwerte sich einmal eine Frau in einer Ausstellung.

Sarah Diehl *Hast du mit der Frau geredet?*

Stu Mead Nein.

Sarah Diehl *Ich denke eigentlich, ich bin sensibel für Machtverhältnisse in der Darstellung von Geschlecht, und so war ich über mich selbst überrascht, warum mir das Problematische an deinen Bildern zunächst nicht auffiel. Ich hab sie von Anfang an gemocht, habe mittlerweile aber eine sehr ambivalente Haltung dazu. Da spielen mehrere Dinge zusammen, warum ich mich von ihnen so angesprochen fühle. 1. Wecken junge Mädchen, wie in deinen Bildern, die Sehnsucht, so schön und rein zu sein wie sie. 2. Will man diese Schönheit und Reinheit besitzen und kontrollieren. 3. Ist man von dem Zwang, so sein zu müssen, so angekotzt, dass man sie kaputt machen will, und 4. Sieht man ihnen gerne dabei zu, dass sie den Mut aufbringen, ihre Schönheit und Reinheit selbst kaputt zu machen. Ich hatte das Gefühl, ich konnte mich mit ihnen identifizieren, und mich würde sehr interessieren, inwieweit du dich mit den Mädchen identifizierst. Ich kann mir vorstellen, dass du dich in der Rolle, die man dir zuspricht ziemlich beschränkt fühlst, weil du körperlich behindert bist. Die Mädchen, die du malst, tun Dinge, die dir als behinderter Mensch abgesprochen werden.*

Stu Mead Oh, das war jetzt ne Menge. Klar würde ich gerne solch eine Schönheit besitzen und selbst sein. Ich meine, ich wäre gerne ein

gutaussehender Mann, ich will mein Geschlecht nicht unbedingt verändern. Gleichzeitig sind die Mädchen fast gelangweilt, weil sie so perfekt sind.

Sarah Diehl *Du meinst, weil sie diejenigen sind, die von allen begehrt werden, haben sie selbst keine Sehnsüchte mehr? Du brauchst nichts Besonderes mehr, weil du selbst das Besondere bist?*

Stu Mead Ja. Außerdem geht es mehr um Infantilität von weiblichen Menschen, von mir zu Kindern gemacht.

Sarah Diehl *Was bedeutet in dem Zusammenhand infantil?*

Stu Mead Unterentwickelte Sexualität.

Sarah Diehl *Wieso unterentwickelt? Schließlich machen sie ziemlich extreme Sachen. Oder meinst du mit infantil, frei von gesellschaftlichem Druck?*

Stu Mead Die Bilder haben mit der Lebensrealität von Menschen nichts zu tun. Die Menschen in den Bildern können es sich erlauben, unreif zu bleiben, sie hängen nur rum, haben keine Sorgen. Ich wünschte, ich würde das selbst verstehen. Kannst du mir noch ein paar Fragen stellen?

Sarah Diehl *Warum müssen es Mädchen sein? Du könntest genauso gut diese idealisierten griechischen Jünglinge malen. Die hängen auch nur rum und haben Sex.*

Stu Mead Vielleicht, weil ich auf Männer eifersüchtig bin. Ich finde es nicht interessant, Männer zu malen, in meinen Bildern werden sie immer zu lächerlichen Figuren, oder sie sind satanisch. Die Mädchen sind realistischer, ich sehe mir Frauen auch genauer an als Männer. Ich malte mal zwei Mädchen im Badezimmer, was ich aus der Erinnerung malte, wie ich mal mit einem anderen Jungen im Badezimmer war, aber ich finde es halt interessanter, Mädchen zu malen. Ich habe angefangen, Portraits zu malen, weil ich mich jetzt mehr dafür, wie Frauen wirklich aussehen, interessiere.

Sarah Diehl *Wie kommt diese Entwicklung?*

Stu Mead Na ja, es ist eine nette Gesellschaft, wenn man jemanden portraitiert. Es ist eine Herausforderung, es bringt eine neue Qualität in meine Arbeit, mit der Realität umzugehen.

Sarah Diehl *Malst du auch Männer?*

Stu Mead Ich habe einen Mann gemalt, und es fiel mir sehr schwer. Ich werde es auch wieder versuchen, aber ich werde am liebsten junge Frauen malen. Es hat immer etwas Eskapistisches.

Sarah Diehl *Weil du das Gefühl hast, dass du in der Realität keinen Platz hast und in deiner Identitätssuche noch mehr eingeschränkt wirst als andere?*

Stu Mead Ich weiß nicht, wie ich das sagen soll. Wenn du körperlich deformiert bist, hast du weniger Möglichkeiten, diesen sexuellen Teil von dir zu erforschen. Ich hatte schon immer Angst vor Mädchen, in der ersten Klasse mochte ein Mädchen mich sehr und als ich das realisierte, war das für mich total schockierend und ich mochte sie dann nicht mehr. Es gibt ja Frauen, die Männer mögen, die hilflos sind, aber für die bin vielleicht nicht behindert genug. Ich sitze ja nicht im Rollstuhl oder so. Obwohl die Art, wie ich gehe, schon extrem komisch ist. Das spielt sich aber eher in meinem Unterbewusstsein ab. Ich glaube, ich bringe viel Lebensenergie auf, um eine Beschäftigung mit mir selbst zu umgehen.

Sarah Diehl *Bist du von deinem Umfeld entmutigt worden, deinen Körper zu mögen?*

Stu Mead Die Leute auf der Straße sehen dich an, als ob du komisch bist und so lernst du, dass du komisch wärst. Das ist sehr kompliziert, sehr schwer, da raus zu kommen. Vielleicht male ich so viele Kinder, weil ich Angst vor ihrer Ehrlichkeit habe. Die Jungs haben auf mich gezeigt und sich über mich lustig gemacht, und die Mädchen sind kreischend vor mir weggelaufen.

Aber lass uns lieber beim Thema des Buches bleiben.

Sarah Diehl *Warum, glaubst du, mögen Frauen deine Arbeit?*

Stu Mead Da gibt es wohl etwas, was sie sehr beschäftigt, etwas, was sie vorher noch nicht so gesehen haben. Vielleicht etwas, das ihre Situation anerkennt.

Sarah Diehl *Ich denke, es befreit einen von vielen schlechten Erfahrungen bezüglich Scham, und dass man die eigene Sexualität verstecken musste. Die Mädchen sind so aktiv und frei, so wie man selber gerne gewesen wäre.*

Stu Mead Ja, die Frage ist nur, warum das so bei mir rauskommt.

Sarah Diehl *Glaubst du, dass Mädchen Fantasien haben, wie in deinen Bildern, oder hast du darüber nie nachgedacht, was eigentlich in jungen Mädchen wirklich vor sich geht?*

Stu Mead Es gibt diese Schriftstellerin, Anais Nin, die viel mit Sartre und Beauvoir zusammenhing, die dieses autobiographische Bekenntnis über ihre eigenen sexuellen Fantasien schrieb. Sie fing mit ihrer Mädchenzeit an, und das war so leidenschaftlich. Ich interessiere mich auch sehr für andere Malerinnen, die Mädchen malen, wie Beth Love, Georganna Deen, Alexa Horochowski oder Jenny Schmid. Das ist alles so eindringlich. Meine Pubertät hingegen war eher unangenehm, also es war ein Alptraum, z.B. mitten im Geschichtsunterricht eine Erektion zu haben. Jedenfalls, als ich das las, konnte ich damit sehr viel anfangen und fühlte mich inspiriert. Auch meine erste Freundin, Mary, erzählte mir heftige Sachen, was sie gemacht hat als sie jung war. Ich hatte auch mal das Erlebnis, dass ich mit einem Mädchen allein war und wir ausmachten, dass sie mir ihre Brüste zeigte und ich ihr meinen Penis. Sie hat es getan, ich meine, sie hatte natürlich noch keine Brüste, sie hatte Brustwarzen genau so wie ich, aber der Gedanke, dass sie mal zu weiblichen Brüsten werden, war schon so aufregend. Ich wäre auch gar nicht darauf gekommen, danach zu fragen, ob ich ihre

Vagina sehen könnte, ich wusste gar nicht, was das ist. Ich glaube, ich wäre schockiert gewesen. Ich denke, ich möchte durch meine Bilder einen Art sexuellen Kontakt mit dem Betrachter haben. Um sie anzutörnen, ohne ihnen körperlich nahe zu sein. Deshalb ist es mir wichtig, dass Frauen meine Arbeit mögen.

Sarah Diehl *Aber warum bieten junge Mädchen eine so hervorragende Projektionsfläche für das alles?*

Stu Mead Das bringt mich auf einen Gedanken: Manchmal glaube ich, ich habe etwas von einem Transvestiten. Eine lesbische Freundin von mir meinte mal, ich sei eine männliche Lesbe. Na ja, jedenfalls, kleine Mädchen sind gerade ein populäres Thema in der Kunst. Diese Idee von Jungfräulichkeit und Reinheit ist in der Kunstszene grad ein großes Thema, es ist ein Symbol für etwas in unserer Gesellschaft, das wir verloren haben. Die Leute haben keinen Gott mehr, den sie teilen können, die Sicherheit, was gut und böse und Sünde ist, gibt es nicht mehr. Kleine Mädchen repräsentieren die Sehnsucht nach Unschuld.

Sarah Diehl *Warum nicht Jungs?*

Stu Mead Junge Mädchen sind sugar and spice and everything nice, Jungs sind snakes and snails and puppydogs tails. Das ist so ein Spruch. Ein kultureller Mythos. In Horrorfilmen sind es oft kleine Mädchen, die gegen das Böse kämpfen.

Sarah Diehl *Wie in Dario Agento Filmen, wo dann auch noch ihre überdimensional betonte Unschuld gerne mal mit Vergewaltigungsszenarien konterkariert wird. Agento hat in manchen Filmen auch viel Vergnügen daran, Mädchen in weißen Kleidern grauenvoll abschlachten zu lassen. Wie auch immer. Jungs wird aber auch erlaubt, mehr zu machen als Mädchen, weil man um die Gefahr des Verlusts ihrer Reinheit nicht so ein Gedöns macht. Jungs beschmutzen, Mädchen werden beschmutzt, egal wer hier wen verführt hat.*

Stu Mead Das ist doch so was Altertümliches: Sie müssen die genetische Reinheit ihrer Nation gewährleisten.

Sarah Diehl *Mädchen müssen die Reproduktion der Gesellschaft gewährleisten, und bergen immer die Gefahr, zur falschen Zeit und vom Falschen schwanger zu werden, deshalb wird auf ihre Unschuld so viel mehr Wert gelegt als bei Jungs. Deshalb ist die Betonung des Schlampendaseins für Frauen ja auch so befreiend, weil es einen von der gesellschaftlichen Verantwortung, die Mädchen aufgebürdet wird, frei macht.*

Stu Mead Das Bild, wo das Mädchen im Wald scheißt, das erinnert mich auch an analen Sex, ist ja auch was dreckiges. Das Mädchen hat dann einen Penis aus Scheiße. Macht das Sinn? Wenn ich ein Mädchen beim Pinkeln male, kann das auch als Zeichen gesehen werden, dass sie einen Orgasmus hat.

Sarah Diehl *Du meinst, wie eine weibliche Ejakulation?*

Stu Mead Ja. Bei Männern wird das immer so dramatisch dargestellt, wenn sie kommen, und das wollte ich auch bei den Bildern der Mädchen haben.

Was mich wohl auch beeinflusst hat, war, bis ich drei war, ein Zimmer mit meiner zwölf Jahre älteren Schwester teilen musste. Ich hörte all ihre Platten mit, sie hat heimlich geraucht, wobei ich sie beobachtet hab. Irgendwann wollte sie mich nicht mehr im Zimmer haben, was mich geärgert hat.

Sarah Diehl *Hast du sie mal gefragt, was sie davon hielt, dass ein Junge in ihrem Zimmer war, während sie in die Pubertät kam?*

Stu Mead Leider nicht. Das sollte ich aber mal machen.

Sarah Diehl *Was hält sie von den Bildern, die du jetzt malst?*

Stu Mead Sie kennt nur meine alten Arbeiten. Die neuen Sachen hab ich meiner Familie nicht gezeigt. Ich glaube, sie würden sich Sorgen machen, warum ich jetzt so was mache.

Sarah Diehl *Warum, glaubst du, ist die Frau, sexualisiert oder nicht, immer das Objekt, das gezeigt wird und über das verhandelt wird? Wie in deinen Bildern. Warum ist es immer die Frau, an der die Gesellschaft ihre Probleme mit Sexualität bewusst oder unbewusst verhandeln?*

Stu Mead Ja, Männer- wie Frauenmagazine sind fast alle nur mit Frauen voll. Aber die Idee von Schönheit wird nun mal an Frauen festgemacht, sodass weibliche Schönheit eine fetischisierte Ikone ist.

Sarah Diehl *Hast du bei deinen Bildern über den Druck, diese Schönheit repräsentieren zu müssen, nachgedacht, unter dem Frauen stehen? Schließlich kreierst du auch keinen Raum für weniger schöne Mädchen.*

Stu Mead Ja, und das ist vielleicht auch ein Grund dafür, warum ich mich jetzt so sehr für Portraits interessiere. Aber dennoch interessiert es mich immer mehr, mich mit Schönheit auseinander zu setzen. Ich meine, überall wo du hinsiehst, sind diese Schönheiten auf Plakaten. Für Frauen muss das wirklich hart und deprimierend sein, egal wie sie aussehen.

Sarah Diehl *Gerade für Teenager muss das die Hölle sein. Sie kontrollieren sich selbst, ob sie den Maßstäben entsprechen, da gibt es kein subversives Element des sich neu Erfindens mehr. Vielleicht mögen Frauen deine Bilder auch, weil diese Mädchen so verdorben und gelangweilt sind und sich über so was keine Gedanken machen müssen. Es ist wohl auch eine Art Eskapismus für Frauen, deine Bilder zu sehen.*

Was hältst du von Mangas, wo junge Mädchen z. B. misshandelt werden, die als nur passive Opfer dargestellt werden?

Stu Mead Ich mag die nicht. Ich habe mich mal mit einem japanischen Freund darüber unterhalten, der meinte, dass es in der japanischen Kultur den Mädchen nicht erlaubt sei, sexuell offensiver zu sein, und deshalb die Mädchen als willenlose Opfer gezeigt werden müssten, damit die Frauen, die das sehen, sich nicht schämen müssen. Ich weiß nicht, ob das stimmt oder ob das nur eine Rechtfertigungsstrategie ist. Aber ich glaube, diese unterdrückte Gewalt in Japan ist eine interessante Sache. Die Leute sind so höflich und angepasst. Aber in ihren Filmen und Comics sind sie so unglaublich gewalttätig. Ich mag Pornos jedenfalls nur dann, wenn es offensichtlich ist, dass die Frauen ihren Spaß haben.

Sarah Diehl *Was ist mit dem Bild, wo ein alter hässlicher Mann ein Mädchen von hinten fickt, während er auf ihr liegt, und sie dem Zuschauer die Zunge rausstreckt.*

Stu Mead Ich hatte nur eine Skizze davon, und ein Freund meinte, ich solle daraus ein Bild machen, sonst mache ich so was Gewalttätiges nicht. Eigentlich bin ich immer dafür, zu zeigen, welche Bilder man im Kopf hat, anstatt sie zu verbergen, aber ich kann nicht wirklich sagen, dass es mir leichtfällt, das zu rechtfertigen, ich finde es auch verstörend, was da so aus mir herauskommt.

Sarah Diehl *Hast du mal darüber nachgedacht, welche Verantwortung du mit diesen Bildern übernimmst? Ich meine, du nimmst diese Gruppe, Mädchen, deren Erfahrung und Wünsche du nicht teilst und benutzt ihr Image, um deine Sicht darzustellen. Das scheint für dich ein risikoloses Unterfangen zu sein, weil du außen vor bist und du dich auch so beschreibst. Was, glaubst du, denken Frauen, die sexuelle Gewalt erlebt haben, von deinen Bildern?*

Stu Mead Darüber hab ich auch schon nachgedacht, das ist schwierig. Ich hab festgestellt, dass Leute, die Eltern sind, viel mehr Probleme mit den Bildern haben, als andere. Das regt mich auch auf, dass es Frauen gibt, die meine Bilder verletzten können. Aber da gibt es irgendwie keinen Weg raus. Und tatsächlich will ich Sachen machen, die Menschen mögen können und die sie nicht provozieren oder verletzen. Du machst eine Tür in dir auf, und raus kommt unterdrückte Sexualität. Ich will Kunst machen, die Leute berührt.

Sarah Diehl *Glaubst du, dass sich eher Männer oder Frauen von deinen Bildern angesprochen fühlen?*

Stu Mead Meine Fans sind weiblich und männlich, genauso wie die Leute, die sich über mich aufregen. Ich will niemanden ausschließen, ich hätte gerne, dass alle etwas aus meinen Bildern ziehen können. Aber ich weiß auch, dass das für Männer tendenziell weniger schwierig ist, weil ich ja als Mann die Bilder male. Wenn jemand meine Bilder mag, hab ich das Gefühl, sie sehen etwas, was ich selbst nicht verstanden habe, aber was dennoch da drin ist. Darauf bin ich stolz. Das ist für mich ein Mysterium. Als ich ein Kind war, haben mich Ärzte auf ein Podest gestellt und haben Fotos von mir gemacht, für ihre medizinische Forschung. Ich fand das furchtbar, da so nackt angestarrt zu werden. Ich glaube, ich projiziere diese Erfahrung auf Frauen, weil sie da kulturell besser hin passt. Aber weil ich ein Mann bin, wird meine Motivation mehr hinterfragt.

Sarah Diehl *Ich wünschte, man könnte sich die Diskussion sparen, ob du als Mann das Recht hast, solche Bilder zu malen, aber so lange die gesellschaftlichen Verhältnisse sind wie sie sind, kann man das nicht. So einfach ist das mit dem Queer-sein eben nicht.*

Findest du es nervig, dass du deiner Identität als Mann nicht entfliehen kannst, und deshalb mit Vorwürfen wie Pädophilie konfrontierst wirst?

Stu Mead Das ist aber auch meine Schuld. Ich habe diesen Weg gewählt, ich habe damit um den Ärger gebeten.

Sarah Diehl *Es gibt sehr viel mehr oder weniger versteckte sexualisierte Mädchendarstellungen z.B. in der Werbung, in Musikvideos etc., die ganzen Sängerinnen, deren junges Alter betont wird und deren Videos fast pornografisch sind, was als normal akzeptiert wird. Warum, glaubst du, machen die Leute da einen Unterschied?*

Stu Mead Einerseits gibt es diese Schönheitswettbewerbe, wo Mädchen schön und oft sexy zurecht gemacht werden, und andererseits gibt es diese Paranoia, dass Mädchen von Fremden verführt und im Wald missbraucht werden. Natürlich basiert das auf realen Begebenheiten, aber darüber wurde eine richtige Paranoia kultiviert. Gleichzeitig werden Mädchen dazu aufgefordert, sich sexy anzuziehen.

Sarah Diehl *Sie sind die kleine Kostbarkeit, die präsentiert und gleichzeitig vor den Blicken und vor dem Zugriff anderer geschützt werden müssen. Warum machen die Leute den Unterschied zwischen deinen Bildern und Britney Spears?*

Stu Mead Anscheinend repräsentieren meine Bilder eine Welt, die eher mit Kriminalität in Verbindung gebracht wird. Sie sind nicht in erster Linie einfach sexy, sie zeigen viel mehr. Jedenfalls bringen meine Bilder das Publikum dazu, überhaupt über Mädchen und Sex nachzudenken, und das allein ist so heikel, dass es, egal worum es genau geht, die Leute oft aufregt. Diese Schönheitswettbewerbe oder die Mädchen, die obsessiv wie Britney aussehen wollen, haben in der Gesellschaft keinen schlechten Ruf, sie sagen, es ginge ja nur um Schönheit.

Sarah Diehl *Die Begierden der Anderen, die dahinter stecken, werden dabei nicht thematisiert. Du thematisierst sie aber, und das erscheint so skandalös. Glaubst du, das liegt auch an dem Medium, das du gewählt hast?*

Stu Mead Im Buch Lolita wird beschrieben, wie Humbert sich auf dem Pausenhof einer Schule von Lolita einen runterholen lässt, während es zur Pause läutet, und alle Kinder aus der Schule stürmen. Er macht wirklich grausliche Sachen, die da alle beschrieben sind. Aber das ist Literatur, das Buch liest du allein, dann machst du es zu und stellst es in dein Regal, es starrt dir nicht ins Gesicht wie meine Bilder. Meine Bilder hängen da wie eine religiöse Ikone, die man entweder anbeten oder hassen muss, und starren dich an. Deshalb wirken sie gefährlicher.

Sarah Diehl *Und wie steht's um die Mädchen, die sich selbst zerstören, weil sie angekotzt davon sind, dass sie rein und schön sein müssen? Ich glaube, dass, ist etwas, was besonders Frauen an deinen Bilden so gefällt, mir jedenfalls.*

Stu Mead Wie machen sie das?

Sarah Diehl *Sie benutzen ihren Körper, um die Erwachsenen zu schockieren, indem sie ihren Rock hochheben und sich nicht dafür schämen, was drunter ist. Sie ignorieren einfach, dass man ihnen doch eigentlich beigebracht hat, sich zu schämen. Die Mädchen, die du malst, sind zwar alle wunderschön, aber sie trauen sich, hässliche Dinge zu tun. Sie scheißen den Erwachsenen auf den Tisch.*

Stu Mead Ja, ich verstehe das auch nicht ganz. Ich bin eine Zeit lang mal zum Psychologen gegangen, und der meinte, dass die Mädchen auf meine Arbeit und meine Welt scheißen. Diese Bilder sind meine Welt und die Mädchen scheren sich da nicht drum, sie beschimpfen mich damit, auch weil ich mich ihrer Images bemächtige, weil ich sie ja male.

Sarah Diehl *Also, was sie kaputt machen wollen, hat mehr mit dir zu tun und nicht mit ihnen?*

Stu Mead Das hat mein Psychologe auch gesagt. Im Bezug auf mich könnte das sein, dass die Mädchen dann mich widerspiegeln. Das ist vielleicht meine Rache an der Schönheit.

Sarah Diehl *Dann verstehe ich aber nicht, warum du nicht weniger hübsche Mädchen malst? Ein hässliches Mädchen, das sich nicht drum schert, hässlich zu sein, das jenseits des gesellschaftlichen Anspruchs auf seinen Körper denkt und handelt.*

Stu Mead Ich kann durch dieses Fetischisieren dieser Schönheit, die ich dann kaputt mache, fliehen. Als mein Vater so krank war und ich anfing diese Bilder mit dem Leid und den Strippern zu malen, habe ich gesehen, dass du, wenn du vor etwas fliehen willst, immer dahin zurück kommst, wovor du eigentlich fliehen wolltest. Da ist immer eine Menge Wut in meinen Bildern. Die Mädchen, die ich male, haben ja nicht so viel mit der Realität zu tun, sie repräsentieren diese Mädchen, vor denen man als Junge Angst hat, weil sie so perfekt sind. Hässliche Mädchen repräsentieren etwa anderes. Das ist natürlich egoistisch von mir. Wäre ich ein reiferer Künstler und würde mehr auf die verschiedenen Stimmen in mir hören, würde ich das wahrscheinlich machen.

Sarah Diehl *Wie sieht's aus mit den Männerfiguren? Die sind immer ekelhaft, gefährliche Monster oder geile alte Säcke. Warum kein schöner Jüngling, mit dem die Mädchen Sachen machen können, die immer noch hässlich genug sind? Hast du kein Interesse, mal eine liebevolle Beziehung zu malen?*

Stu Mead Ich habe nicht so viel Erfahrung mit schönen Liebesbeziehungen, ein paar, aber nicht so viele. Eigentlich würde ich mal gerne ein romantisches Bild machen. Die Typen sind totale Witzfiguren, die sind nicht real, sie reflektieren vielleicht was über mich, aber das sind total verzerrte Bilder. Um davon ein bisschen weg zu kommen, habe ich angefangen, die Bilder mit den Tieren zu machen, wo die Mädchen in einem dreckigen Stall mit Schweinen sind oder mit dem Hund, der sich leckt. Die Typen sind aber auch so hässlich, weil ich Probleme habe, sie zu zeichnen. Ich muss mir vorher Fotos von Männern ansehen, um sie malen zu können, und ich bin an deren realistischer Darstellung halt auch nicht so interessiert. Als visueller Künstler, vielleicht ist das bei Schriftstellern auch so, fällt es schwer, den eigenen Körper darzustellen. Mir fällt es schwer Hände und Füße zu malen, wohl auch weil meine Hände und Füße anders sind als normal. Ich habe kein Gefühl dafür, wie sie normal aussehen. Bei den Mädchen gelingt mir das etwas besser, aber bei den Typen nicht.

Sarah Diehl *Mein Lieblingsbild ist das, wo ein Mädchen mit einem alten nachdenklichen Mann auf einer Parkbank redet und ihren*

Rock hochhebt, um dem Mann zu zeigen, dass sie einen Penis hat. Es ist so eine nette Erzählsituation. Kannst dazu was sagen?

Stu Mead Damals malte ich Karikaturen von mir selbst als Mädchen. Damit wollte ich die Bedeutung hinterfragen, die hinter dieser obsessiven Thematisierung von Mädchen steckt. War es überhaupt von Bedeutung, dass es Mädchen waren, oder könnten es auch Jungs in Mädchenkleidern sein? In diesem Bild zeigte das Mädchen dem alten Mann ursprünglich ihre Pussy. Aber als ich mich dafür entschied, daraus einen Penis zu machen, wurde das interessanter. Ich hab mich gefragt, ob das ein Wunschdenken von mir ist. Ein schönes Mädchen zu sein und meinen Penis zu behalten. Der alte Mann sieht ein wenig wie mein Vater aus. Was bedeutet das wohl? Er erinnert auch an Henry Darger, ein Outsider, der oft Mädchen malte, denen er mit Bleistift dann einen Penis drankritzelte. Vielleicht hat er niemals weibliche Genitalien gesehen. Vielleicht konnte er sich auch nur mit seinen Heldinnen identifizieren, wenn sie mit ihm das Geschlecht teilten. Er verbrachte seine Kindheit in einem üblen Waisenhaus in Chicago und wurde dort wegen Mastubation bestraft. Später arbeitete er dann als Hausmeister in einer Schule. Seine Bilder wurden erst nach seinem Tod entdeckt.

WEISSES PLASTIK

Monika Großerüschkamp

Ich war ungefähr elf Jahre jung, als ich ein paar Tage lang ein Ziehen in meiner Brust verspürte. Ich erzählte meiner Mutter davon. Vor dem Schlafengehen sah sie sich meinen Brustkorb an und sagte: „Deine Brüste fangen ja schon an zu wachsen." Ich hatte die leichte Wölbung für eine krankheitsbedingte Schwellung gehalten. Die Nachricht nahm ich mit einer Mischung aus Verwunderung, Freude und Angst auf. Die Angst scheint überwogen zu haben, denn fortan ignorierte ich das langsame, aber stete Wachstum.

Im achten Schuljahr hatte ich etliche Verpflichtungen: Ich war Klassensprecherin, Mitarbeiterin der Schülerzeitung, fütterte abends die Kälber und gab zwei Mal pro Woche Nachhilfeunterricht in der Nachbarschaft. Samstags half ich meiner Mutter beim Hausputz, abends las ich meinem jüngsten Bruder Märchen vor. Meine Freizeit verbrachte ich damit, zu lesen und meine Unkenntnis in Sachen Popmusik durch intensive Nutzung meines ersten eigenen Radiorecorders auszugleichen.

Meinen Busen ignorierte ich nach wie vor. Eines Tages aber, auf der Suche nach einem frischen Schlüpfer oder Unterhemd, fand ich in meiner Wäschekommode einen weißen BH. Er war aus 100% Polyacryl oder -amid und hatte ein Spitzenmuster. Neugierig probierte ich ihn an. Das Ding fühlte sich kalt und kratzig an, ich steckte es zurück in die Kommode und vergaß es. Ich sprach meine Mutter nicht darauf an, sie mich auch nicht.

Obwohl das Bindegewebe beim Laufen im Schulsport schmerzte, weigerte ich mich noch viele Jahre lang, die Existenz meines Busens anzuerkennen. Erst mit 18 oder 19 Jahren kam ich auf die Idee, mich nach hautsympathischen und bequemen Büstenhaltern umzusehen. Deswegen habe ich leider einen Hängebusen.

Meine Periode habe ich erst sehr spät bekommen, ich war fast 17 Jahre alt und hatte sogar Hormone eingenommen, um sie einzuleiten.

Ich glaube, in der langen Zeit zwischen der ersten Schwellung der Brust und der ersten Menstruation wollte ich einfach Kind bleiben. Junge sein, das wollte ich jedenfalls nie.

FÄLLIG

Maroula Blades

Was wird Mama sagen, wenn ich ihr erzähle, dass ich seit dem Mittagessen in einer Pfütze aus Blut gesessen habe? Als ich im Esszimmer von meinem Stuhl aufstand, klatschten zwei Blutstropfen auf den Holzfußboden. Ich hab den Stuhl schnell unter den Tisch geschoben; Blut schwamm in der Delle auf dem Sitz. Mein marineblauer knitterfreier Trevirarock fühlte sich feucht an. Ich knotete mir eine Strickjacke um die Hüften, damit die durchnässte Stelle verdeckt war, und rannte ganz schnell auf die Toilette. Ich stopfte mir zwei raue, grüne Papierhandtücher in die Unterhose. Es ist unbequem, in ausgepolsterten Hosen herumzulaufen, die im Schritt reiben. Was zum Teufel ist hier los? Ich hab solches Bauchweh, dass ich jetzt schon seit zwei Stunden zusammengekrümmt an meinem Schreibtisch sitze. Ich muss mir schlimm weh getan haben, als ich beim Sport die Seile runtergeschlittert bin. Ich hätte Trainingshosen und nicht den Rock, den ich sonst immer beim Netzball trage, anziehen sollen. Ich bin froh, dass ich mich getraut habe, Miss Wiggins um ein Aspirin zu bitten, auch wenn sie keine hatte. Ich sterbe vor Schmerzen. Sie schickte mich mit fürsorglichem Blick ins Krankenzimmer im Erdgeschoss gegenüber der Aula. Ich klopfte, trat mit Tränen in den Augen ein und sagte:

„Schwester Cummings, mir ist schlecht, mein Kopf und mein Bauch tun so weh."

„Bist du fällig?"

„Fällig womit? Ich hab schlimme Magenkrämpfe. Können Sie mir bitte eine Aspirin geben? Kann ich mich hier fünf Minuten hinlegen?"

Ich legte die Hand auf ein offenbar frisch bezogenes einzelnes Bett hinter der Tür.

„Ja, natürlich. Ich bringe dir eine Aspirin. Und dann werde ich deiner Mutter Bescheid geben, dass es dir schlecht geht und du früher nach Hause geschickt wirst."

„Mama wird das nicht gefallen. Sie mag es nicht, wenn ich den Unterricht verpasse."

„Ich bin sicher, sie wird es verstehen. Wir Frauen müssen mit einer ganzen Menge kämpfen, vor allem an den ganz besonderen Tagen im Monat."

„Ja, so ist das wohl."

Ich weiß nicht, über welche „Tage" sie spricht. Was ich spüre, fühlt sich überhaupt nicht „ganz besonders" an. Ich wünschte, sie würde aufhören zu quasseln und mir die verdammte Tablette bringen. Mich zerreißt es vor Kopfschmerzen. Ich bin ein wütender, verwundeter Bär. Wenn mir heute jemand in die Quere kommt, reiß ich ihm oder ihr den Kopf ab. Schwester Cummings läuft vorsichtig in orthopädischen Schuhen mit einem Glas Wasser in der Hand über den Linoleumboden, der ab und zu quietscht. Ich stöhne leise in das muffige Kissen, Federn pieksen mir in die Wangen. Ich niese.

„Gesundheit! Hier bitte, mein Schatz, schluck das mit ein bisschen Wasser. Du bist bald wieder topfit. Deine Mutter ist unterwegs."

„Danke."

Ich werfe die Tablette hoch in die Luft; sie fällt mir auf die Zunge. Sie schmeckt bitter. Einige Mundvoll Wasser spülen den üblen Nachgeschmack runter. Schwester Cummings beim Arbeiten an ihrem ordentlichen Schreibtisch zuzusehen, lenkt mich von den Schmerzen ab. Während sie auf einer schweren elektrischen Schreibmaschine schreibt, schnippt sie ihr blondes Haar von ihren haselnussbraunen Augen weg. Dünne, manikürte Finger klappern über die Tasten. Die Schreibmaschine scheint ihre ganze Aufmerksamkeit zu beanspruchen, sie ist offenbar entschlossen, jedem Buchstaben gerecht zu werden. Sie ist ein As, wie sie die Buchstaben auf aufeinanderliegendes blaues Kohlepapier hackt.

Mama sieht schrecklich besorgt aus, als sie mit flatternden Armen, die an gebrochene Flügel erinnern, in den Raum kommt.

„Meine Güte, Teresa, du siehst furchtbar aus. Was ist denn los, mein Schatz?"

„Ich hab ganz schlimme Kopfschmerzen und mein Bauch tut auch weh."

„Komm mit Liebling, mit Gottes Hilfe schaffen wir's vor dem Berufsverkehr."

Es ist mir peinlich, als Mama auf der Stelle mit geschlossenen Augen und allem betet und unsern Herrgott um eine sichere Heimfahrt bittet. Schwester Cummings verbirgt ihr Erstaunen, indem sie lachsfarbene Verbände aufrollt, die sie aus einer schwarzen Plastikmülltüte holt. Sie hat es raus, aus knittrigen Crèpestreifen wieder verwendbare Verbandsrollen zu machen. Als Mama mit Beten fertig ist, hat sie vier ordentliche Stoffröllchen, die dastehen wie Soldaten und mit elastischen Streifen mit drei Metallzähnchen auf jeder Seite festgemacht sind.

Zuhause bringt mir Mama eine Tasse schwachen Tee und einen Vollkornkeks, während ich im Bett liege und mich stöhnend auf einer Wärmflasche hin und her wiege. Sie lächelt, streichelt meinen Kopf, geht raus und sagt dabei:

„Schlaf schön, Teresa."

„Ich versuch's."

Ich bin zu schüchtern, um Mama von dem Blut zwischen meinen Beinen zu erzählen. Als Dad vor einem Jahr an Multipler Sklerose starb, hatte er blutige Tränen in den Augenwinkeln. Seitdem sie seine roten Tränen gesehen hat, ekelt sich Mama vor dem Anblick von Blut. Eine Woche nach der Beerdigung sagte Mama: „Saubermachen ist meine Buße."

Frustriert polierte und sterilisierte sie das ganze Haus und sagte dabei Bibelverse auf.

Die Kirche putzt sie freiwillig. Ich weiß, dass sie Dad vermisst. Sie sagt immer: „Teresa, ich weiß, dass er uns sieht. Ich kann seine Anwesenheit in der Kirche spüren, besonders, wenn ich den Altar saubermache. Ich knie vor dem Kreuz. Manchmal reden wir eine ganze Stunde miteinander."

Kann sich das einer vorstellen? Ich verdrehe die Augen, wenn Mama so redet. Tot ist tot, was mich betrifft.

Die Bauchschmerzen sind jetzt nicht mehr so schlimm. Im Liegen scheint weniger Blut zu fließen. Ich stelle mir vor, dass der Schmerz wie eine Verbandsrolle ist, kämpfend in seiner gebändigten Form, und der dann ganz plötzlich ausbricht, wenn sich der Schmerz löst.

Ich wache mitten in der Nacht schweißgebadet auf, der Schweiß riecht muffig und nimmt mir die Luft zum Atmen. Meine Haut fühlt sich nasskalt an und es brennt zwischen meinen Beinen. Ich beuge mich rüber zu dem kleinen Nachttisch neben meinem Bett und schalte das Licht an. Ich kann nicht anders, ich muss schreien. Ich fahre beinahe aus der Haut. In Blut getränkt renne ich in Mamas Schlafzimmer. Sie muss mich gehört haben, denn sie greift nach einem gelben Plüschpantoffel unter dem Bett. Einen Pantoffel hat sie schon an. Ohne dass ich es will, fallen mir ihre Stummelzehen mit den gerissenen Nägeln auf. Ihre Füße sehen richtig geschwollen und wund aus. Sie arbeitet viel zu hart beim Saubermachen in der Kirche. Ich stehe eine Minute lang still vor Mamas vernebeltem Blick.

„Ach, Teresa!"

„Mama, ich hab mir zwischen den Beinen weh getan, als ich heute in der Turnhalle das Seil runter gerutscht bin. Es blutet so doll. Ich weiß nicht, was ich machen soll."

Mama sieht mich mit leerem Ausdruck in den Augen an; vielleicht hat sie einen Schock. Ihr schwarzes, gewelltes Haar umschließt ihr zimtfarbenes Gesicht. Das blaue, hochgeschlossene Nylonnachthemd hängt an ihr wie ein ekliges Heftpflaster. Sie geht langsam vom Bett zum eingebauten Wandschrank, wo sie zwischen den Klamotten kramt. Sie zieht ein riesiges, weißes, langes Watteding heraus.

„Nimm erst mal das. Du kannst morgen eine Packung Binden in der Drogerie kaufen.“

Ich verziehe das Gesicht und denke: „Das ist keine blöde Einlage, das ist eine verdammte große Matratze. Nimm das eklige Dingsda weg.“ Mama fährt fort: „Ich hab dich vor den Gefahren gewarnt, denen junge Frauen beim Sport begegnen. Aber du hörst ja nie; du bist so ein Racker. Junge Damen können sich ernsthaft verletzen.“

Ich nicke mein beknacktes Lieblingsnicken, während Mama ihre heftigen Reden schwingt.

„Diese Art Training ist nicht gut für Mädchen in deinem Alter. Ich bin mit zwölf in der Klosterschule nie Seile hochgeklettert; die Schwester Oberin hätte das nicht erlaubt. Gleich morgen früh schreibe ich dem Direktor. Von jetzt an, mein Fräulein, gibt's keinen Sportunterricht mehr für dich.“

Ich wollte nicht, dass Mama wieder ihren Rappel kriegt, was niederknien und eine halbe Stunde weinen und beten bedeutet hätte, also nicke ich wie ein Vollidiot. Mama verbietet alles, was ich mag oder noch gar nicht entdeckt habe. Manchmal glaube ich, Mama kommt von einem anderen Stern, so wie sie sich benimmt. Sie ist in Britisch-Guyana aufgewachsen, jetzt nur noch Guyana genannt. Sie hatte, seit sie sechs war, eine strenge katholische Erziehung. Das jahrelange Zusammenleben mit diesen ganzen alten Nonnen musste ja Folgen haben. Sie waren so altmodisch und anständig, Schreckschrauben in Amtstrachten.

Mama hat schon der Schulbehörde geschrieben und sich über die Filme beschwert, die im Biologieunterricht über den Menschen gezeigt werden. Sie nahm die Filme bei einem Elternabend im letzten Jahr auseinander. Filme über das Leben von der Geburt bis ins hohe Alter können doch nicht so schlimm sein, oder? Na ja, ich hab jedenfalls noch keinen gesehen. Ich weiß nur, dass Frauen Babys kriegen, doch ich weiß nicht, wie sie in den Körper kommen. Die Kinder in meiner Klasse machen sich über mich lustig, weil ich immer in die Bibliothek geschickt werde, wenn sie die Filme zeigen. Ich zeige ihnen zwei fette ausgestreckte Finger, wenn die Lehrerin nicht hinguckt. Mama sagt: „Solche Filme verderben anständigen jungen Frauen moralisch das Rückgrat. Eine viktorianische Erziehung ist heutzutage unerlässlich, damit eine gute Kinderstube und ein reiner Geist gewährleistet werden."

Was für ein Haufen Scheiße. Gott weiß, was sie damit meint. Ich, zum Teufel, weiß es nicht. Ich wünschte, ich hätte die Wahl, eine richtige Wahl, eine große Wahl, und könnte mich frei entscheiden, auch dann, wenn's wirklich wichtig ist, könnte Entscheidungen treffen, die allein meine wären. Es ist ein Elend, ein Kind mit schlauer Zunge und einem Riesenhirn zu sein.

Ich wasche mich und ziehe einen sauberen, rosafarbenen Schlafanzug an, den Mama vor drei Monaten gemacht hat. Ich wechsle das schmutzige Laken. Mir wird schlecht im Magen, als ich das blutige Laken zu einem Bündel zusammenpacke und in die Waschmaschine stecke, so viel Blut. Das kann für ein Kind nicht gut sein, so viel zu verlieren. Ich hab Angst. Ich könnte morgen früh tot sein, wenn diese Bluterei nicht aufhört. Wieso ist Mama das egal? Dieses ganze vergeudete Blut, literweise stinkendes Blut.

Mama hat heute morgen bessere Laune. Sie macht mir mein Lieblingsfrühstück, gebratene Tomaten und Rührei auf Toast. Ihre Stimme klingt älter und ferner. Ich fühle mich fertig heute morgen, hänge am Tisch und hab die Füße auf einem Stuhl. Ich sollte mich nicht von Mama erwischen lassen, wie ich so dasitze; sie wird mir mit dem Holzspachtel auf die Fingerknöchel hauen. Ich sehe aus wie ein dämlicher Frosch mit Glupschaugen. Meine Brüste fühlen sich geschwollen an; sie tun weh. Gestern waren es noch Eicheln, jetzt sind es reife Tomaten. Wenn die Brüste weiter in dem Tempo wachsen, wie groß sind sie dann erst, wenn ich fünfzig bin? Das halt ich im Kopf nicht aus. Wie soll ich Fußball spielen mit diesen Dingern, die rumhüpfen wie Frettchen im Sack? Ich verschränke meine Arme über der Brust, um den Schmerz zu lindern. Mein Baumwollhemdchen spannt unter der Bluse. Plötzlich passen meine ganzen Klamotten nicht mehr richtig, Nähte reißen und die Kanten fransen aus. Heute morgen ist mein ganzer Körper eine einzige pulsierende Masse. Ich kann die gebratenen Tomaten nicht essen; die Schale ist aufgeplatzt.

In meinem Traum letzte Nacht bin ich in einem roten, stürmischen Meer geschwommen, das mir die Haut aufgeschürft hat. Tausende raue Meereszungen leckten über meinen Körper. Die Zungen zogen mich immer runter. Dreimal haben sie mich untergetaucht. Ein Vorhang aus geknoteten Seilen fiel aus dem malvenfarbigen Himmel in einer Reihe, bis hin zum Ufer. Ich hab mich auf eines drauf geschwungen und dann auf noch eines, bis ich wieder Sand unter den Füßen spürte. Ich lag schweigend da, blutete am Rand des Ozeans. Ich war die Quelle des Meeres geworden; ich war seine Mutter. Rot strich über meine Füße. Die Morgensonne setzte sich auf meine Augenlider und zog mich in einen neuen Tag.

Ich will heute nicht in die Schule gehen. Ich kann die Schule nicht ausstehen. Gegen den Lehrplan hab ich nichts, aber ich kann's nicht leiden, wenn mir die Kinder in der Schule Unterricht in „sozialer Kommunikation" geben wollen. Zu dieser täglichen Unterrichtsstunde gehört, von modischen aufgedonnerten Mädchen und pickeligen, trällernden Jungs schikaniert zu werden. Sie sehen älter aus als ich. Man bringt mir bei, dass „meine einzige Fähigkeit darin besteht, mich von Baum zu Baum zu schwingen." Klar, ich klettere gerne an Seilen, aber ich bin bestimmt kein wuscheliger Affe. Diese Beschimpfungen sind bloß wie Pissen im Regen; was mich betrifft jedenfalls.

„Nigger, schmier dir Dreck ins Gesicht. Mach schon, auf was wartest du? Du bist so lahm, Fräulein Tugendsam."

Christines Ellbogen bohrt sich in mein Kreuz.

Meine Knie werden weich. Meine Nase küsst die dunkle Erde. Zöpfe gehen auf. Sie gibt mir einen amtlichen Stiefeltritt in den Bauch. Die Schulglocke läutet. Blut ist dicker als Wasser. Rote Klumpen fallen, ich schreie:

„Bitte, aufhören."

„Ich jage den Nigger, den Nigger, den Nigger, ich jage den Nigger, bis alles aus dir rausläuft. Also renn Nigger, renn, renn, renn, aber lass dein Niggerblut da. Hast du gehört? Lass das Niggerblut da."

Die Wörter prallen von den Schulgebäuden ab, schlagen mir direkt ins Gesicht. Aber es ist okay, ich komme damit klar, „was mich nicht umbringt, macht mich stark", genau. Christine spuckt mir dicken Schleim ins Haar. Sie geht großtuerisch beschwingt auf die Schultür zu. Ich bin wie betäubt. Der Schmerz und die Morgensonne machen mich benommen. Mein Kopf tut weh. Ich bin innerlich aufgefressen und äußerlich sieht's auch nicht besser aus. Diese scheiß kleine Banditin geht gelassen in die Schule. Eine Schulaufseherin erscheint aus dem Nichts und nimmt meinen Namen und die Klassennummer auf.

„Du bist zu spät und du siehst schlimm aus. Ich sorge dafür, dass du nach der Schule nachsitzen musst."

Ich mache ein trauriges Gesicht. Was hat es für einen Zweck, irgendwas zu sagen, „die Zeit ist eine Schlinge, die sich mit jedem Atemzug weiter zusammenzieht." Mama wird verärgert sein; meine Schuluniform ist ruiniert und meine weißen Kniestrümpfe sind verdreckt. Sie wird nachher meinen Verstand mit Dads altem Ledergürtel aus mir raus prügeln. „Was mich noch mehr umbringt, macht mich noch stärker."

Einmal hab ich mir einen Kajal gekauft und vergessen ihn abzuwaschen, bevor ich nach Hause gegangen bin. Mein Gesicht hat dreimal mit Mamas wütender Handfläche Bekanntschaft gemacht. Mama ist hart wie ein Feuerstein. Sie hat meinen Kajalstift genommen, zerbrochen und dann im Wohnzimmer ins offene Feuer geworfen. Funken sprühten den Kamin hoch. Mein Taschengeld wurde für einen ganzen Monat gestrichen. Jetzt halte ich die Augen nur noch auf den Boden gerichtet; sie sind sowieso nicht sehr hübsch.

Der Unterricht geht zum einen Ohr rein und zum anderen raus.

Nach dem Mittagessen schlurfe ich im Flur an Schwester Cummings vorbei. Sie ruft mir hinterher: „Geht's dir heute besser, Liebes?"

„Eigentlich nicht, ich wurde heute morgen verprügelt."

Ich gehe näher an sie ran und flüstere: „Ich blute zwischen den Beinen. Es hört nicht auf. Ich weiß nicht, was ich machen soll."

„Komm mit. Ich mach dir Jod auf die Schürfwunden und dann unterhalten wir uns mal über das Blut."

Schwester Cummings ist so lieb, sie trägt ganz vorsichtig Jod auf die Wunden auf. Es brennt ein bisschen. Plötzlich klingelt die Schulglocke wieder, die Mittagspause ist vorbei.

„Teresa, wir sollten uns so schnell wie möglich mal unterhalten. Komm vorbei, wenn du Zeit hast, okay."

„Ja, Schwester Cummings, das mache ich. Danke."

Die Zeit verging diese Woche wie im Flug, ungestüm wie ein wütender Bär, der seine Erdnüsse zusammenkratzt. Ich hatte keine Gelegenheit, Schwester Cummings zu besuchen; außerdem hat das Blut jetzt aufgehört zu laufen. Gestern hat Craig, ein Junge in meiner Klasse, gesagt: „Hey Teresa, du siehst heute echt hübsch aus und deine Bluse ist auch schön."

Na ja, meine Bluse kommt mir vor wie eine Zwangsjacke mit Rüschen, und da, wo es drauf ankommt, hab ich einen Knopf verloren. Trotzdem hab ich's gebraucht, so etwas zu hören. Ich dachte schon, ich drehe durch, im Kopf und im Körper, meine ich. Vor ein paar Jahren hat mir Craig immer auf dem Weg in die Schule die Brotdose geklaut. Aber wen interessiert das schon? Mich nicht mehr. Vorher hat mich niemand bemerkt, es sei denn, sie wollten mich schubsen, hauen oder mir ins Gesicht furzen. Craig ist echt süß. Ich werd's Mama nicht erzählen, sie würde mich tausend „Ave Maria" aufsagen lassen.

Sie würde mir wahrscheinlich meine Gedanken verbieten.

Ich hab so ein Gefühl, dass die nächsten Wochen ganz gut werden. Ich hab Mama angebettelt, dass ich wieder Sport machen darf, sie hat deshalb gebetet. Sie hat mir meinen Wunsch gewährt, aber ich musste versprechen, in Zukunft keine Seile mehr runter zu rutschen oder Diskus zu werfen, oder Bälle zu treten etc. Wie gewöhnlich hab ich dämlich genickt.

Diese Woche habe ich ein Buch in der Bibliothek gelesen, in dem der Blutkreislauf ausführlich beschrieben war. Wir haben literweise Blut, das in uns fließt, also glaube ich nicht, dass ich so viel verloren habe. Ich werde nicht sterben. Ich komme mir vor, als wäre ich jetzt „fällig", und zwar am Ball zu bleiben, ich werde älter, klüger und knospenschön.

Übersetzt von Conny Lösch

NACHTS, WENN ALLE ELTERN SCHLAFEN.

Ziska Riemann

Willkommen in der Welt der Erwachsenen. Hereinspaziert.

Wir machen Urlaub, und Vater ist nicht mehr dabei. Ich bin alt genug. Sie haben sich getrennt.

Der See ist schwarz. Still. Nur der Mond, voll und fast ein bisschen rot. Er spiegelt sich weit draußen auf dem Wasser. Eine erstickende Nacht. Es ist immer noch viel zu heiß und die Luft ist zu feucht.

Er wartet darauf, dass ich wiederkomme, dass wir weitermachen.

Irgendwo in der Ferne knattert der Generator.

Vielleicht ist er auch eingeschlafen.

So wie Mutter in der Hängematte.

Vor ein paar Monaten hat sie mir noch Blumen um den Frühstücksteller gelegt. Weiße Lilien.

Sie war in mein Zimmer gekommen, um mich für die Schule zu wecken. Ich war schon eine Weile wach. Sie blieb in der Tür stehen und schaute mich an. Irgendetwas verunsicherte sie. Ich kannte diesen Gesichtsausdruck noch nicht an ihr. Sie schien irritiert zu sein, vielleicht erschrocken. „Du hast rote Finger!“, flüsterte sie und setzte sich auf meine Bettkante. Ihre Augen wurden feucht. Sie streichelte mir über den Kopf, lächelte und sah dabei trotzdem traurig aus.

„Jetzt bist du eine Frau!“

Ich versteckte meine blutigen Finger unter der Bettdecke und schämte mich entsetzlich.

Als ich an den Frühstückstisch kam, stand eine Schachtel o.b.-Mini auf meinem Teller und, wie gesagt, ein Kranz aus weißen Lilien.

Mein Vater und mein Bruder saßen verunsichert vor dem Frühstück. Es lief klassische Musik.

Meine Mutter stand auf und überreichte mir mit feierlicher Geste einen kleinen Ring mit einem silbrig schillernden Mondstein. Er sollte meinen Übergang vom Mädchen zur Frau symbolisieren. Während der ganzen Zeremonie hätte ich am liebsten die Zeit eine Stunde zurückgedreht, mich noch einmal im Bett herumgewälzt und meine blutigen Finger rechtzeitig unter der Decke versteckt.

Rechtzeitig, damit meine Mutter nicht herausfinden muss, dass ihre Tochter sich morgens vor der Schule selbstbefriedigt.

Die Schwäne treiben auf dem Wasser. Sie schlafen mit ihren Köpfen unter den Flügeln, und wenn eine kleine Welle ans Ufer spült, dann wackeln sie.

„Jetzt musst du aufpassen, wenn du mit einem Jungen spielst", hat sie mir immer wieder eingeschärft.

Haben wir gespielt? Wir haben nicht gespielt.

Sie ist mit mir zu einem Arzt am anderen Ende der Stadt gefahren. Dr. Schreinert. Ich habe mich ausgezogen. Erst oben, dann unten. Er hat mich untersucht. Mutter saß auf einem Stuhl in der Ecke des Behandlungszimmers. Es war mir peinlich, dass sie mich so sieht. Nackt, die Beine wie eine tote Krake zur Decke gereckt.

„Alles in Ordnung!", meinte er. Aber er sollte mich aufklären. Vielmehr, er sollte das aufklären, was meine Mutter sich nicht zu sagen traute. Sie hatte mich mit dem Nachbarsjungen im Gebüsch gesehen. „Für die Pille ist es noch ein bisschen zu früh", sagte der Doktor und schaute mir in meiner unglücklichen Position direkt zwischen die Beine: „Hat sie denn schon einen Freund?" Mutter nickte ihm zu, gerade so, als hätten sie sich vorher abgesprochen. „Sie ist auch schon geschlechtsreif!"

Geschlechtsreif? Wann kommt endlich das Gewitter? Geschlechtsreif. Ich werde in den See gehen und alles was geschehen ist aus mir herausspülen. Eintauchen in die schwarze Oberfläche. Geschlechtsreif.

In den letzten Wochen hat die Hitze stetig zugenommen. Die Sommerferien haben sich zu einer Unendlichkeit ausgedehnt. Die meiste Zeit habe ich auf dem Steg herumgelungert und selbstgemachtes Wassereis gelutscht. Orange, Kirsche, Apfel.

Als vor ein paar Tagen dieser kleine Knoten auf meiner Brust auftauchte, habe ich schon geahnt, dass jetzt alles vorbei sein wird. Ich wusste, dass ich bald sterben muss. Krebs. Daran sterben die meisten Menschen, hat meine Oma gesagt. Ich weiß, dass es kein Krebs ist, doch ich werde trotzdem daran sterben.

Hier unter der Weide haben wir uns wiedergetroffen. Er hat geangelt. Genau wie im letzten Jahr. Ich habe ihn eine Weile beobachtet. Geschmeidig, fast lautlos drehte er die Kurbel, warf den Haken aus, verharrte in der Bewegung. Braungebrannt von den vielen Stunden am See. Er hat sich verändert. Seine Arme sind kräftiger geworden, er bewegt sich anders, seine Stimme ist tiefer. Er hat mir sein Versteck gezeigt. Eine alte Holzhütte im hinteren Garten seiner Eltern. Wir sind durch das Gestrüpp gelaufen, haben uns die Beine zerkratzt und kein Wort gesprochen.

Er wusste, was ich von ihm will.

Ich wusste, was er von mir will. Es war von vorneherein klar, dass wir es tun werden.

Wir haben in seinem Versteck zusammen in einem alten Comic geblättert. Knie an Knie. Hin und wieder haben unsere Hände sich beim Umblättern der Seiten wie zufällig berührt, sind aneinander hängen geblieben. Wie letztes Jahr. Ein Spiel. Heiß.

Doch dieses Mal wollte ich mehr.

Die Sonne ist untergegangen. Er hat eine Kerze angezündet.

Wir haben uns ausgezogen. Er hat jetzt Haare. Letztes Jahr noch nicht. Er hat die kleinen Knötchen an meiner Brust gestreichelt. Wir haben uns geküsst. Minuten, Stunden. Seine Hand zwischen meinen Beinen, seine Finger hastig, unsicher. Immer tiefer. Ich fasse zurück. Klebrig. Hart.

Umklammert sind wir ineinandergerutscht. Ganz warm und feucht vom Schweiß. Ein kurzer Schmerz. Und plötzlich war er drin. Viel größer. Viel tiefer. Wunderschöner. Tausend Jahre und noch mehr, es soll so bleiben, für immer und für immer, dachte ich. Aber plötzlich, nach wenigen Sekunden. war es vorbei. „Scheiße!“, murmelte er hilfesuchend und legte sich neben mich. Ich begriff das ganze Ausmaß der Katastrophe. Es war vorbei. Schon vorbei und wir hatten nicht verhütet. Die Kerze plötzlich ein Scheinwerfer, sein Versteck ein Gefängnis.

Wie ferngesteuert stand ich auf und rannte hinaus. Durch den Garten. Durch das Gestrüpp. Durch die Nacht. Zwischen meinen Beinen tropfte es heraus. Klebrig, heiß. Geschlechtsreif.

Runter zum See. Zur alten Weide, deren Blätter bis ins Wasser hängen.

Ich drücke mein Gesicht an ihren Stamm. Sie riecht nach Sommer. Nach Erde. Vertraut.

Ich gehe nicht zurück. Niemals. ich will ihn nicht wieder sehen. Nie wieder.

Der See ist schwarz. Die Schwäne schlafen. Er sucht nach mir. Schreit meinen Namen. Ich will nicht, dass er mich sucht. Ich will nicht, dass er meinen Namen kennt. Ich will alleine sein.

Love, love, love me to death.

Nachts, wenn alle Eltern schlafen.

REIN UND SCHÖN SOLLST DU SEIN

Sonja Eismann

Damals, der Vater: Als ich ein kleiner Junge war, musste ich für meine kranke Mutter manchmal ein geheimnisvolles Paket beim Apotheker abholen. Es war ein großer, in Zeitungspapier eingepackter Karton, und obwohl von außen nichts zu erkennen war, wusste ich genau, was drin war. Nie schämte ich mich mehr, als wenn ich die Binden meiner Mutter nach Hause tragen musste.

Dann, die Jugendliche: Ein Freund erzählt vom Missgeschick eines weiteren Freundes, das er live miterlebt hat. „Ich bin im Nebenzimmer, als A. mit seinem neuen Aufriss zugange ist. Auf einmal geht die Tür auf, A. stürmt halbnackt raus, kurz nach ihm seine neue Bettpartnerin. A. guckt verärgert, sie sagt entschuldigend und bittend zu ihm: ‚Ja, aber was kann ich denn dafür, wenn ich die Erdbeeren hab'!"

Heute, die Erwachsene: „Die Geschichte der Menstruation ist eine Geschichte voller Missverständnisse", sagt die kühle Schönheit im weißen Ärztinnenkittel mit ernstem Blick in die Kamera. Dann umschließt sie mit ihren langen, sorgfältig manikürten Fingern einen strahlend weißen Tampon, um die perfekte Anpassungsfähigkeit des Produktes an den weiblichen Körper zu demonstrieren. Mit der Lösung des Rätsels, ob aseptische TV-Models aus den Händen statt aus der Gebärmutter menstruieren, bleiben ich und Millionen andere FernsehzuschauerInnen allein zurück.

Vor einigen Jahren ist der Hygieneindustrie das zweifelhafte Kunststück gelungen, eine neue Marktlücke zu generieren: style-orientierte Produkte für die Regelblutung. Nachdem die klassischen Werbesujets für Menstruationsartikel, die mit der Betonung des Reinheits- bzw. Kaschierungszwangs sanften Terror verbreiteten, ausreichend etabliert und damit ausgereizt schienen, wurde auf einmal geschickt auf die nächste Achillesferse der Kundinnen gezielt. Nach dem quälenden „Bin ich sauber genug?“ kam das nagende „Ja, aber bin ich dabei auch hip genug?“.

Menstruation ist immer noch unheimlich. Und eklig natürlich. Doch trotz all der „Missverständnisse”, die durch die prüde-verschleiernde, absurde Symbolik der Mammut-Werbekampagnen für Menstruationsprodukte eher perpetuiert statt in irgendeiner Weise aufgeklärt werden, ist heutzutage jeder Konsumentin doch zumindest eines klar: Über das ökonomische Potenzial der weiblichen Monatsblutung gibt es keine Zweifel mehr. So gut wie jede Frau irgendwo zwischen zehn und 55 ist einmal im Monat auf den Service der Hygieneindustrie angewiesen, womit die Herstellerfirmen den beinahe einmaligen Luxus einer kontinuierlichen, nie abreißenden Nachfrage nach ihren Produkten genießen. Mehr oder weniger vorbei sind auch die Zeiten, in denen Feministinnen die staatlich finanzierte Gratisabgabe von Tampons und Binden forderten, da der Staat letzten Endes der Nutznießer der weiblichen Reproduktionsfähigkeit sei.

Denn wie, polemisch gefragt, sollte eine staatliche Organisation überhaupt angesichts der aktuellen Produktschwemme in dem Bereich, der trotz medialer Dauerpräsenz immer noch verschämt euphemistisch „Monatshygiene“ genannt wird, Entscheidungen darüber fällen, was Frauen tatsächlich brauchen? Ist es der extra-starke Tampon mit superweicher Vliesumhüllung zum leichteren Einführen oder doch die ultradünne Binde mit Flügelchen? Ist es die nach frischer Wäsche duftende Slipeinlage in Körperform oder die schwarze String-tanga-Slipeinlage in Keilform? Oder ist es gar der massive Badetampon, der vor dem Eindringen von Wasser beim Schwimmen schützt, oder ist eine ringförmige Menstruationstasse die Lösung aller „weiblichen Probleme“?

Wenn der Markt zwar beständig, doch nicht mehr expandierbar ist – keine noch so clevere Werbekampagne ist zum Glück in der Lage, die Frequenz der Regelblutungen zu erhöhen –, müssen neue Bedürfnisse geschaffen werden. Wo zunächst noch der Sauberkeitsfaktor bzw. das Unsichtbarmachen der „unappetitlichen" Ausscheidungen in den Kampagnen im Vordergrund standen, wird jetzt das Lifestylepotential von Binde & Co entdeckt. Bis vor kurzem waren es hauptsächlich magere, blendend gelaunte, Sport treibende Frauen, die die Konsumentinnen mit ihren grellweißen, hautengen Outfits davon überzeugen wollten, dass es trotz der unheimlichen Vorgänge zwischen den Beinen mit dem richtigen Erzeugnis möglich ist, rein und – im wahrsten Sinne des Wortes – unbefleckt zu sein (und das möglichst 24 Stunden am Tag, sieben Tage die Woche). So wurde die Slipeinlage unabhängig von irgendwelchen Blutungen geschickt an die Frau gebracht. Dadurch wurde endgültig klar, dass Frauen sowieso und andauernd schmutzig zwischen den Beinen sind. Mit geradezu steril sauberen Bildern wurde Frauen und Mädchen suggeriert, dass absolute Reinheit auch an den „kritischen" Tagen nicht nur möglich, sondern unbedingt auch anzustreben sei. Die beste Menstruation, so der Tenor, ist die, die niemand bemerkt – und wenn trotzdem der Schlamassel in Unterleib und Unterhose wütet, ist das einzig auf eigenes Versagen zurückzuführen.

Mittlerweile aber sind zusätzlich neue Mechanismen auf den Plan getreten, denn nicht mehr ausschließlich Komfort und Verhüllung sollen die Kaufentscheidung lenken, sondern die Schutzvorrichtungen müssen nun auch noch Outfit-kompatibel sein: in den Stringtanga wird flugs die mittlerweile von fast allen Herstellern geführte String-Binde oder String-Slipeinlage gepappt, ein schwarzes Outfit wird von den mit großem Marketingbrimborium eingeführten pechschwarzen Slipeinlagen, die es natürlich auch in Stringform gibt, perfekt abgerundet.

Dass die Diversifizierung der Produktpalette, die natürlich mit einer erheblichen Werbepräsenz verbunden ist, zu einem offeneren, weniger heuchlerischen Umgang mit einer immer noch tabuisierten weiblichen Körperfunktion führen könnte, bleibt bis dato ein unerfüllter Wunsch. Obwohl es schon möglich geworden ist, Worte wie „Regelblutung“ in einem kommerziellen Zusammenhang auszusprechen, müssen sich WerbungsrezipientInnen immer noch mit lachhaften Symboldarstellungen der tatsächlichen Vorgänge zufrieden geben. Dass der Hersteller Camelia es wagt, seine Produkte seit kurzer Zeit mit verspielten, tiefroten Ornamenten wie Blumen, Kerzen und Stöckelschuhen auf weißem Grund zu verzieren, kommt in der so umfangreichen und doch immer gleich verschämten Produktwüste schon fast einer kleinen Revolution gleich. Trotzdem bleibt die Botschaft: bitte das Zeug da unten optimal übertünchen und am besten vergessen machen. Wenn irgendwann die klinisch-blaue Flüssigkeit, die in simulierten Labortests auf Binden gegossen wird und deren Relation zu Menstruationsblut wohl niemandem klar ist, durch rot eingefärbtes Wasser ersetzt wird, wäre immerhin schon einmal ein kleiner Anfang gemacht. Und wer weiß, vielleicht könnte frau dann viel unverkrampfter das verbreiterte Sortiment genießen und sich auch mal mit einer roten Binde schmücken? Damit das nicht so hässliche Flecken macht...

„WOLLT IHR HELFEN, ODER WOLLT IHR DARSTELLEN, WIE ZIVILISIERT IHR SEID?"

Interview mit Asili Barre-Dirie und Fana Asefaw
von FORWARD e.V.

Sarah Diehl *Wo liegt das besondere Problem der afrikanischen Frauen in Deutschland?*

Asili Barre-Dirie Die jugendlichen Afrikanerinnen, die hier groß geworden sind, sind sehr vehement und auf eine rassistische Weise mit dem Thema weibliche Genitalbeschneidung konfrontiert und ihr Selbstbewusstsein ist nicht so gefestigt. Die meisten Leute denken, Afrika ist Afrika, meine Hautfarbe ist schwarz, und deshalb denken alle, ich sei auch betroffen. Viele stellen es so da, als ob beschnittene Frauen keine richtige Frauen mehr seien. Die haben keinen Sex, die sind alle psychisch krank, und dann wird darüber spekuliert, wie sie sich jetzt fühlen. Eine Frau, die aus Afrika hierher kommt, die fühlt, dass sie besser ist als nicht beschnittene Frauen; da kannst du sagen, was du willst. Wenn du ihr sagst: „Du bist doch verstümmelt", dann sagt sie „Nein, bin ich nicht, ich bin normal." Aber die jungen Afrikanerinnen, die hier geboren sind und vielleicht ihren kulturellen Background nicht so gut kennen, die sehen dann im Fernsehen, wie über das Thema geredet wird, oder sie stehen an der Bushaltestelle und sehen das Plakat von (I)ntact (*eine weitere Organisation, die zu FGC [Female Gential Cutting] arbeitet. Sie machten 2003 eine Plakataktion zum Thema, die von einem Großteil der schwarzen Aktivistinnen als rassistisch und sensationslüstern bewertet wurde. Dies führte zum*

Abbruch vieler Kontakte zwischen weißen und schwarzen Frauen, die sich mit FGC beschäftigen, Anm. Diehl), worauf steht „Wer bei dieser Rasierklinge nur ans Rasieren denkt, hat noch nie die Schreie eines Mädchens bei ihrer Beschneidung gehört". Was denken und fühlen sie dann? Unser Schwerpunkt liegt darin, den schwarzen Mädchen Selbstbewusstsein zu geben, und sich mit dem Thema selbst, und damit, wie sie von Deutschen mit dem Thema konfrontiert werden, auseinander zu setzen. Zum einen, damit sie auf dumme Fragen antworten und zeigen können: „Auch wenn ich betroffen bin, bin ich ok", zum anderen, weil sie ja auch die nächste Generation von Müttern sind. Wir wollen ja nicht sagen, dass Beschneidung gut ist, aber wir wollen zeigen, was diese Frauen tatsächlich denken und wie sie sich fühlen, auch in Bezug auf die deutsche Aufklärung über das Thema. Das heißt, ich muss mit denen sprechen und mich mit ihnen auseinander setzen. Wenn ich mit dir darüber rede, dann kuckst du, dann nickst du, und du denkst, du verstehst, aber was kannst du verändern? Nichts. Wenn ich mit afrikanischen Frauen spreche, dann können sie etwas verändern, und zwar zuerst bei ihrer eigenen Tochter. Darum lege ich auf die Arbeit mit schwarzen Frauen mehr Wert. Nicht, dass ich die anderen nicht brauche.

Sarah Diehl *Wie knüpfen Sie Kontakt zu den afrikanischen Mädchen, die in Deutschland leben ?*

Asili Barre-Dirie Wir haben ein Pilotprojekt in Hessen gemacht. Das waren somalische Mädchen von Familien, die ich kannte. Ich habe mit den Eltern eine Vertrauensbasis so dass ich mit den Mädchen ein Wochenende verbringen konnte. Da haben wir nicht nur über FGC geredet, denn die Mädchen haben auch andere Probleme. Vielleicht waren ein oder zwei betroffen, das weiß ich nicht. Ich habe auch nicht gefragt, es geht mich nichts an. Die Mädchen sind betroffen, weil sie schwarz sind und entsprechend behandelt werden. Weil sie schwarz sind, sind sie mit dem Thema konfrontiert. Also, wenn ich sage, so und nun reden wir über FGC, komme ich nicht weiter. Ich muss erst mal mit ihren anderen Problemen anfangen. Die Mädchen haben Identitätsprobleme, „Wo gehöre ich hin?" Ich bin eine Brücke zwischen den Mädchen und ihren Eltern und eine Brücke zwischen den Mädchen und der Gesellschaft. Ich sage ihnen: „Was die Eltern erzählen, z.B. über ihre Traditionen, ist nicht falsch. Aber ich versuche, auch zu sehen, was hier gut ist und was ich davon haben will." Das gebe ich auch an meine Kinder weiter. Die meisten Mädchen haben, wenn sie aus der Schule kommen, keinen weiteren Kontakt zu anderen, mit wem sollen sie also über ihre Probleme reden? Oft sind sie z.B. frustriert darüber, dass die Jungen mehr machen dürfen als sie. Darüber haben wir auch geredet an dem Wochenende. Die Mädchen haben dann gesagt: „Ich dachte, das sei nur mein Problem, aber ich sehe, damit bin ich nicht allein." Jetzt gibt es diese Gruppe seit zwei Jahren und sie haben Verbindungen hergestellt, sie treffen sich und übernachten zusammen, sie rufen mich auch an, wenn sie Probleme haben. Als wir mal über FGC redeten, stellte ich fest, dass die Mädchen überhaupt nichts darüber wussten. Das Problem ist dann aber, wie z.B. die Schule mit dem Thema umgeht. Da haben einige Mitschülerinnen ein Mädchen aus Somalia gefragt: „Bist du verstümmelt?" Was meinst du, wie sie sich dann fühlt? Und keiner denkt daran, wie sich diese Mädchen dann fühlen. Das berührt sie in ihrer Intimsphäre. Da kommt ein Mädchen zum Arzt, und weil der vielleicht gestern was darüber im Fernsehen gesehen hat, fragt er sie: „Bist du auch verstümmelt?"

Sarah Diehl *Wie geht ihr mit der Problematik der Begriffe um? Benutzt ihr den Begriff „Verstümmelung"?*

Asili Barre-Dirie Wir versuchen, das sehr differenziert zu sehen und die Sprache der jeweiligen Frau zu benutzen. Wenn ich mit einer somalischen Frau spreche, benutze ich die somalischen Begriffe. Dann muss ich ein Wort wie „Verstümmelung" gar nicht benutzen. Aber wenn ich eine Frau hier auf deutsch oder englisch frage , sagen die alle „Ich bin beschnitten." Das muss man respektieren. Kein Mensch will hören, dem ein Arm fehlt, er sei verstümmelt. Warum soll ich das diesen Frauen gegenüber sagen?

Sarah Diehl *Was halten betroffene Frauen davon, dass ihr den Begriff „Verstümmelung" im politischen Kontext benutzt?*

Fana Asefaw Es gibt afrikanische Aktivistinnen, die den internationalen Begriff FGC oder „Weibliche Genitalverstümmelung" im politischen Kontext verwenden, um die Ernsthaftigkeit zu verdeutlichen, aber wenn man mit den „Betroffenen" über das Thema sprechen und Aufklärungsarbeit betreiben will, sollten neutrale Begriffe wie FGC oder Beschneidung verwendet werden, aus Respekt vor ihnen und auch, um mit ihnen in einem inhaltlichen Dialog zu kommen. Was mich bei der ganzen Debatte um weibliche Genitalbeschneidung hier im Westen aufregt, ist, dass sich wenige darüber Gedanken machen, wie es den FGC-betroffenen Immigrantinnen mit der plakativen und einseitigen Berichterstattung geht. Meiner Meinung nach kommt es zwischen den FGC-Betroffenen und den meisten westlichen Aufklärern oder FGC-Gegnern kaum zu einem Dialog, weshalb die Diskrepanz zwischen der Fremddefinition und der Eigendefinition so deutlich wird, und wahrscheinlich auch bisher die internationalen Bemühungen um die Beendigung von FGC eher wenig effizient sind.

Sarah Diehl *Was haltet ihr davon, wie mit dem Thema von Weißen z.B. in den Medien umgegangen wird?*

Fana Asefaw Das kritisieren wir sehr. Es ist sensationslüstern, es ist voyeuristisch, es ist inakzeptabel. Schwarze Frauen können damit nichts anfangen. Neulich kam ein Film, der eine Beschneidung zeigte, das Mädchen lag da mit geöffneten Beinen, das Blut spritzte. Wahrscheinlich haben die armen afrikanischen Eltern Geld bekommen, damit sie das filmen lassen, anders kann ich das nicht verstehen. Ich kann das nur als Perversion ansehen. Das ist versteckter Rassismus. Sie stellen es dar als das grausame Ritual, primitiv. Was man aus der Kolonialzeit eben kennt. Warum fokussieren die Weißen sich so auf dieses Sensationslüsterne? Warum kann man das nicht neutral im Kontext der Gesellschaft darstellen? Sie sagen zwar, sie wollen helfen, aber wem wollen sie helfen? Wollt ihr euch selber darstellen, wie zivilisiert ihr seid, oder wollt ihr uns helfen? Dann müsst ihr auf unsere Ebene kommen, nicht oben und unten, sondern wir müssen uns in der Mitte treffen. Und das hat bis jetzt noch nicht so funktioniert.

Asili Barre-Dirie Ich habe einen Mann kennen gelernt, der wollte nach Afrika und Fotos machen über FGC. Ich sag mal, Kindesmissbrauch gibt es überall auf der Welt. Aber hast du jemals im Fernsehen einen Kindesmissbrauch gesehen, um die Leute aufzuklären? Warum macht man das also bei FGC? Stell dir vor, ich möchte einen Bericht über Kindesmissbrauch in Deutschland machen. Ich möchte Fotos machen und zahle einer Familie Geld, damit ich den Kindesmissbrauch filmen kann. „Halt mal dem Kind die Beine fest, damit der Winkel der Kamera stimmt." Wenn jemand sagt, ich will was dagegen machen, und trotzdem eine Beschneidung filmt, das kann er jemand Anderem erzählen. Wenn ich dagegen bin, bin ich dagegen, und filme es nicht. Wo ist das Recht dieses Kindes? Die deutschen Medien verkaufen ihr Publikum für dumm. Aus meiner Sicht seid ihr dumm. Die afrikanische Frau hat kein Körperteil, was ihr nicht habt. Wenn ich davon rede, dass etwas abgeschnitten ist, dann müsst ihr wissen, was das bedeutet, ihr wisst doch, wo die Klitoris ist. Da brauche ich kein Bild. Oder nur um Spenden zu erhalten, die Gelder kommen oft sowieso nicht dorthin, wo sie hingehören. Und die Afrikanerinnen, die hier sind, werden auf ihre Kosten mit dem Thema konfrontiert. Wenn ich von denen was will, muss ich auch mit ihnen reden. Ich kann auch akademisch werden und sagen, die Männer sind an allem schuld. Aber wenn ich was verändern will, brauche ich die Männer. Wir müssen zusammenarbeiten, dann erreichen wir mehr. Die Medien zahlen einer Frau Geld, damit sie von ihrem Schicksal erzählt, sie hat keine adäquate Beratung bekommen, wird aber mit der Sicht der weißen Medien auf sie konfrontiert. Keiner kann ihr zurückgeben, was sie verloren hat. Die Klitoris ist weg. Ich kann nicht zu einer Frau sagen, erzähl mal was in die Kamera, und danach gehe ich weg und lasse die Frau damit allein. Und zahl ihr ein Honorar.

Fana Asefaw Die Probleme entstehen hier. Vorher hatten sie keinen Leidensdruck. Es mag sein, dass es Komplikationen gab, je nachdem, welche Beschneidungsform wie durchgeführt wurde, aber in ihrer Gesellschaft waren sie ok, die hatten andere Probleme, die haben Hunger, die haben Krieg usw. Dann kommen sie nach Europa und hören von allen Seiten, dass was mit ihnen nicht stimmt. Gerade junge Mädchen haben damit viele Probleme, weil sie sich mit der deutschen Sicht auseinandersetzen müssen. Plötzlich stelle ich alles in Frage. „Bin ich doch verstümmelt, hat meine Mutter mir das angetan, habe ich sexuelle Probleme?", und plötzlich entwickelt sie Probleme, die vorher nicht da waren. Keiner hilft ihr das zu verarbeiten. Niemand hat Verständnis dafür, dass ich plötzlich nicht mehr weiß, wer ich bin. Durch die Beschneidung ist sie zu einer stolzen Frau geworden oder wurde sozial integriert. Deshalb fand sie diese Prozedur ok. Kommt sie hierher, wird ihr erzählt, dass sie keine richtige Frau ist, weil sie keine Klitoris hat. Du bist nur eine halbe Frau, du fühlst nichts beim Sex. Wie sollen die Frauen das verarbeiten? Deshalb überlege ich, ob es nicht gut wäre, mal eine Frau im Fernsehen zu zeigen, die sagt, ich bin beschnitten, deshalb fühle ich mich gut. Also, was wollen wir erreichen? Wenn mir jemand sagt, Afrika sei grausam und barbarisch, dann gehe ich weg, dann höre ich nicht mehr zu. Aber sie fokussieren nur auf diesen Punkt, auf das Geschlechtsteil der Frau, doch dass sie sich trotz ihrer Beschneidung als vollwertig, weiblich, zufrieden und stark fühlen kann, scheint unverständlich. Sie stellen sie nur als Objekte dar, das ist das Rassistische daran. Wenn man einen sexuellen Missbrauch von weißen Mädchen in den deutschen Medien debattiert, wird eine sensible Art der Darstellung deutlich, denn es könnten viele

Mädchen und Frauen als potentielle „Missbrauchte" sich damit identifizieren, oder in Tamponwerbung wird das Blut mit blauer Farbe dargestellt und nicht mit roter, Blut ist bekanntlich rot, doch es geht hierbei um Identifikation und Schutz der betroffenen deutschen Frauen, die sich mit all dem identifizieren könnten.

Sarah Diehl *Darüber regen sich auch viele Feministinnen hier auf.*

Fana Asefaw Sie regen sich auf, weil etwas verharmlost wird. Blut ist blau in der sauberen Unterhose. Da schützen sie die weißen Frauen. Alles perfekt, damit sich hier niemand verletzt fühlt. Aber bei den Schwarzen, da zeigst du gleich das rote Blut, das Messer, da guckst du zwischen die Beine, das ist einfach nicht auszuhalten. In Holland soll es eine politische Diskussion darüber geben, dass afrikanische Mädchen einmal pro Jahr zu einem Gynäkologen müssen, um sie vor der potentielle Gefährdung, „beschnitten" zu werden, zu schützen. Solche Kontrollmechanismen gibt es bei Kindesmissbrauch nicht, aber bei Schwarzen dringt man einfach in ihre Privatsphäre ein.

Sarah Diehl *Im Pariser Naturkundemuseum wurde die Südafrikanerin Sarah Baartman ja noch bis Ende der 70er Jahre ausgestopft in einer Vitrine gezeigt. Einen weißen Ausgestopften würde man nie ausstellen, da würde man gar nicht drauf kommen, doch mit einer schwarzen Frau glaubt die Wissenschaft so umgehen zu dürfen.*

Asili Barre-Dirie Ja, solche Unterschiede werden gemacht. Ich war auf einem Vortrag einer Politikerin der CDU aus Braunschweig, die über FGC ziemlichen Quatsch erzählt hat, und da habe ich eingegriffen und habe versucht sie zu korrigieren. Ich war die einzige Schwarze dort, und am Ende kam sie zu mir und hat mich gefragt, ob ich beschnitten sei. Ich habe sie gefragt, warum sie mich das fragt. Sie meinte, weil sie noch eine beschnittene Frau sucht, die mit ihr auf eine Vortragsreise geht.

Fana Asefaw Wir wollen die Betroffenen nicht als Opfer darstellen, und wir kritisieren, dass westliche Organisationen und Medien die

Frauen nur als Opfer und als Problemfälle darstellen. Wir wollen sie ermutigen, sich als Handelnde zu verstehen, damit sie eine effektive Aufklärung in ihrer eigenen Kultur erreichen können.

Asili Barre-Dirie Die Leute, die mit dem Thema arbeiten, egal ob die jetzt grün oder weiß oder schwarz sind, müssen sich über einiges im Klaren sein: Es ist eine Tradition. Denkprozesse brauchen ihre Zeit. Ich will, dass bei den Eltern etwas Klick macht und sie überlegen: „Warum mache ich das?" Schöne Traditionen behalte ich, schlechte Traditionen werfe ich weg. Um das festzustellen, braucht man Hilfe, und man muss die Frau als ganzen Menschen akzeptieren. Ich rede nicht über einen Menschen, sondern mit ihm.

Sarah Diehl *Befragen dich deine Töchter zu diesem Thema?*

Asili Barre-Dirie Meine Töchter sind damit aufgewachsen, weil ich mich seit ihrer Geburt damit beschäftige. Das habe ich auch nie vor ihnen versteckt, sie sind auch oft bei meiner Aufklärungsarbeit dabei.

Sarah Diehl *In Europa wird den betroffenen Frauen eingeredet, sie seien keine „richtige Frauen", während sie beschnitten wurden, um „richtige Frauen" zu werden.*

Asili Barre-Dirie Ja. Ich traf kürzlich eine ältere Dame. Als ich ihr die Hand geben wollte, hat sie ihre Hand zurückgehalten, weil sie dachte, ich sei nicht beschnitten. Sie sagte: „Ich will ja nicht in die Hölle kommen, weil ich einer unbeschnittenen Frau die Hand gebe." Die Frau fühlt sich als „richtige Frau", weil sie beschnitten ist. Sie ist auch stolz darauf und hat mit dem Thema kein Problem.

Sarah Diehl *Welche Bedeutung hat Beschneidung für den Übergang vom Mädchen zur Frau?*

Fana Asefaw Das hat nicht bei allen Gesellschaften die gleiche Bedeutung. Manche werden in der Pubertät beschnitten, andere als Säuglinge, im Kleinkindalter, wieder andere vor der Hochzeit, vor der ersten Geburt etc. Dabei wird natürlich daran gedacht, dass sie mal eine

Frau wird, aber das hat nicht unbedingt etwas mit dem Übergang zu tun. Es ist also nicht bei allen ein Initiationsritual. Aber in all diesen Gesellschaften gehört eine nicht beschnittene Frau nicht wirklich dazu und ist keine richtige Frau. Wie eine Nichtgetaufte in einer christlichen Gemeinschaft. Das muss man sich wie in Europa vor hundert Jahren vorstellen. Da wurde Mädchen auch erzählt: „Wenn du masturbierst, bekommst du Tuberkulose oder andere schlimme Krankheiten." Und da gab es auch medizinische Eingriffe, dass Mädchen beschnitten wurden, weil sie masturbiert haben.

Sarah Diehl *Das wurde in den USA bis in die 1940er Jahre praktiziert, ohne dass bis heute die Medizingeschichte dazu Stellung nimmt. Was wird den Mädchen über FGC erzählt? Wissen sie, was mit ihnen passieren wird?*

Asili Barre-Dirie Ja, das wissen sie schon.

Sarah Diehl *Fragen sie dann andere Mädchen, was da passiert?*

Asili Barre-Dirie Es kommt darauf an. Manche Gesellschaften machen Gruppenbeschneidungen, manche beschneiden die Mädchen einzeln. Aber auch wenn sie die Schmerzen ihrer Schwestern oder Freundinnen mitbekommen haben, wollen sie das machen und laufen nicht fort. Denn vorher sind sie ja nur kleine Mädchen, und sie wollen machen, was die Großen machen. In einigen Gesellschaften gibt es große Feste und sie bekommen Geschenke und Goldschmuck. Über die Schmerzen sagt man ihnen aber nichts.

Sarah Diehl *Wissen die Mädchen, dass sie beschnitten werden?*

Asili Barre-Dirie Nein. Das kommt auch auf die jeweilige Sprache an, welche Begriffe sie verwendet werden. Was genau da passiert, wissen sie nicht.

Sarah Diehl *Da fragt sie nicht mal andere Freundinnen?*

Asili Barre-Dirie Nein.

Sarah Diehl *Warum nicht?*

Asili Barre-Dirie Na ja, die, die das schon gemacht haben, haben vielleicht auch den Stolz, dass sie sagen, dir erzähl ich das nicht, du bist ja noch klein.

Fana Asefaw Vielleicht aber auch einfach, um ihnen die Angst zu ersparen. Sie denken nur: „Egal was passiert, meine Mutter meint es gut mit mir."

Asili Barre-Dirie Wenn sie hören, dass das mit den großen Mädchen passiert, laufen sie eher zu ihren Eltern und sagen, ich will auch beschnitten werden. Die Mädchen wollen mit ihren Freundinnen gleichgestellt werden, wie in der Schule, wenn sie dieselben Klamotten haben wollen.

Sarah Diehl *Wie nennt ihr denn in eurer Sprache die Beschneidung?*

Fana Asefaw Es gibt Begriffe, die übersetzt „Bescheidung" bedeuten, aber man denkt da nicht an Messer und Schneiden.

Asili Barre-Dirie Bei uns in Somalia bedeutet es: „Du wirst sauber gemacht." Was da allerdings schmutzig sein soll, sagt dir kein Mensch.

Sarah Diehl *Es gibt ja auch Gesellschaften, bei denen man sich Narben beifügt und da steht der Schmerz auch nicht im Vordergrund.*

Fana Asefaw Genau. Kein Mensch tut das ja, um jemanden zu verletzten. Das ist Nebensache. Es ist ein Schönheitsideal.

Sarah Diehl *Es gibt ja auch immer verrücktere Schönheitsoperationen bei Weißen, die massive körperliche Beeinträchtigungen und Risiken mit sich bringen, trotzdem werden sie immer populärer. Es werden Schamlippen verkleinert oder symmetrisch gemacht, bei intersexuellen Menschen werden ihre Geschlechtsteile oft mit drastischen medizinischen Eingriffen vereindeutlicht.*

Asili Barre-Dirie Ja, Korsette, Stöckelschuhe, Piercings, das bereitet auch Schmerzen. Das muss man ertragen, wenn man in bestimmten Gruppen Anerkennung will.

Sarah Diehl *Wenn Mädchen Schmerzen wegen Entzündungen haben, können sie das ihren Eltern erzählen, oder machen sie das eher mit ihren Freundinnen aus?*

Asili Barre-Dirie Man muss ja erst mal die Verbindung herstellen zwischen der Beschneidung und den Beschwerden. Wenn das Mädchen Schmerzen hat, kann das Mädchen das nicht verheimlichen, die Mutter bekommt das mit und versucht auch zu helfen, zu Ärzten zu gehen oder Kräuterwickel zu machen. Ich habe aber auch erlebt, dass Frauen es verheimlichen, wenn sie Hämatome und Geschwülste bekommen, weil sie sich schämen.

Fana Asefaw Arztbesuche sind in afrikanischen Gesellschaften nicht so üblich wie hier, aus verschiedenen Gründen, es wird erst mal versucht, das Problem mit seinen Vertrauten und Freundinnen zu lösen. Bei manchen infibulierten Frauen, die nach Europa kommen, meinen Ärzte, man kann die einfach aufmachen und dann ist alles wieder in Ordnung. Wenn du ihnen das vorschlägst, sind manche ganz entsetzt. Warum soll man mich „aufmachen"?, hat doch alles geklappt. Denn sie würde sich ja schlecht und schmutzig fühlen, wenn man sie einfach ohne Grund aufmachen würde. Sie wüsste nicht wofür.

Sarah Diehl *Wie reden die Frauen über das Thema?*

Fana Asefaw Also bei der einen Ethnie, in der der Ehemann in der Hochzeitsnacht die Frau öffnen muss, da erzählt oft die Brautjungfer, die Freundin, die schon die Erfahrung gemacht hat, der Braut vor der Hochzeit, was passieren wird. Die ist dann für sie da: „Sei tapfer, das schaffst du schon, ich steh dir bei." Genauso ermutigt ein Freund den Bräutigam, was er am besten in der Hochzeitsnacht tut. So wird es immer weitergegeben, aber immer nur in derselben Generation. Die wissen schon, was passiert, und gehen nicht unvorbereitet dadurch. Doch man redet nicht so in der Öffentlichkeit darüber.

Sarah Diehl *Wie werden die Kinder denn allgemein aufgeklärt?*

Asili Barre-Dirie Die afrikanische Gesellschaft ist eine offene Gesellschaft. Die Familien sind nicht klein, und Kinder werden von vielen Personen erzogen. Deshalb bekommst du das mit, wenn vielleicht eine große Schwester ihre Blutung hat. Aufklärung in dem Sinne, dass dir das erklärt wird, gibt es aber nicht. Ich habe meine Töchter auch nicht aufgeklärt. Die Große hat das von ihren Freundinnen mitbekommen und die Kleine von der Großen. Sie sehen ja auch, dass die Mädchen sich verändern, dass sie Brüste bekommen und anfangen, BHs zu tragen.

Sarah Diehl *Reden die Väter mit ihren Töchtern darüber?*

Asili Barre-Dirie Nein. Sie wissen auch oft nicht so genau, was da passiert. Mir hat mal ein Mann erzählt, dass eine Frau, wenn sie schwanger ist, wenig zu essen bekommen soll, damit das Kind bei der Geburt nicht so groß ist und es besser durch die Vagina passt.

Fana Asefaw Zwischen Mann und Frau gibt es keine Kommunikation in dem Sinne über Sexualität. Aber wenn ich meine Patientinnen hier anschaue – die meisten haben sexuelle Probleme in ihrer Partnerschaft, und reden nicht darüber. Es gibt zwar viel Pornographie und Sexfilme, doch in vielen Partnerschaften gibt es auch keine Kommunikation über ein erfüllteres Sexualleben.

DIE UNSCHULD UND DER DRECK

Maria Voigt

An Sechzehnjährige mache ich mich ran, wenn sie auf mich, die Achtjährige, aufpassen. Wir schlafen in einem Bett, ich wälze mich nach dem Aufwachen mit ihnen rum, angeblich eine Klopperei. Ich weiß nicht genau, was ich will. Ich will ihnen näher sein, nah sein. Ich bin verliebt. Aber das weiß ich nicht, denn ich bin ein Kind und deshalb unschuldig. Ich weiß nicht, dass ich Sex will. Ich weiß nicht, dass es Sex gibt. Kinder haben keine Sexualität, Kinder sind unschuldig. Es gab Olaf. Hell war er und ich liebte ihn. Und Bert mit dunklen Locken, weich und jung. Aus heutiger Sicht waren das kleine, zarte Jungs. Ich trat mit meinem Fuß auf seine Brust, um ihm näher zu kommen.

Außer durch eine Klopperei war da kein Rankommen. Ich traute mich nicht, mich an ihn zu schmiegen. Er hielt meinen Fuß fest mit beiden Händen. Er wollte mich loswerden. Aber ich ließ mich nicht abschütteln. Ihn zu umarmen, zu küssen, in seinen Hals zu weinen war verboten. Also kämpfte ich mit ihm. Denn das war für mich die einzige Möglichkeit, angefasst zu werden und meinen Körper – mich – zu spüren.

Ich wälze mich auf dem Badezimmerboden, den muffigen, moosgrünen Bademantel meines Vaters zwischen den Beinen. Die Tür ist abgeschlossen, dahinter meine Eltern. Die Ärmsten ahnen nicht, welcher Horror sich hier abspielt, wie ihre brave Tochter in Wirklichkeit ist. Immer danach nehme ich mir vor: Nie wieder! Aber es klappt nicht. Ich habe zwei Krücken aus den Tagen meines Oberschenkelbruchs. Auf die stütze ich mich in den paar unbeobachteten Minuten, lehne mich gegen eine Wand und hebe die Beine gegrätscht in die Luft, bis ich zum Orgasmus komme. Ich lese immer wieder heimlich den Porno in einer alten Konkret aus dem Bücherregal meines Vaters und reibe mich irgendwo. Als das Mädchen sich unter ihrem Vater aufbäumt, komme ich zum Orgasmus. Ich bin das widerlichste Mädchen des Planeten.

Ich sehe meine acht Jahre jüngere Schwester täglich onanieren. Das Kleinkind liegt auf dem Bauch, zuckt ewig, bäumt sich auf, entspannt sich. Endlich ist es vorbei. Ich bin empört. Ich hasse sie für diesen ekligen Anblick. Dass sie mich in so was Dreckiges hineinzieht.

Meine Brüste sind riesig. Dick bin ich. Dicksein ist mein Lebensinhalt.

Ständig sprechen Männer mich auf meine Brüste an. Nachts auf der Straße kneift mir einer hinein. Ich schlage nicht zurück. Ich schlucke. Ich habe den Eindruck, die Männer machen mir Vorwürfe. Ich denke an Selbstmord. Ich laufe mit diesen Brüsten rum, die mir fremd sind. Nichts macht Spaß. Überall muss ich mit diesen Brüsten auftauchen. Als ob sie zu mir gehören. Jetzt bin ich nicht mehr unschuldig. Ich habe Riesenbrüste, deshalb denken sie, ich sei sexhungrig. Doch seit ich die Brüste habe, bin ich frigide. Ich versteckte die Sexmonster unter weiten Pullovern. Mich ausziehen! Was für ein Alptraum! Mich anfassen lassen!

Ich habe mich nie angefasst, ich habe mich nie angesehen. Meine Suche nach Sex war eine Suche ohne Ziel, weil ich rannte, ohne die Beine auf dem Boden zu spüren, weil ich immer nur fiel. Ich fiel durch die Sonne, ich fiel durch den Wind, ich war blind von der weißen Leere um mich. Ich nahm mich selbst so ernst wie einen davonfliegenden Luftballon. Ich hatte keinen Körper. Hab‘ nie einen gehabt.

Ich habe mich vielleicht mit dreißig das erste Mal mit Wohlwollen betrachtet. Als ich hochschwanger war, passierte etwas mit mir. Ich schwankte nackt auf meterhohen Nuttenschuhen zum Sex ins Ehebett. Ich bat meinen Mann, mich anzupinkeln. Ich verband mir die Augen, ich verstopfte mir die Ohren, um meinen Atem zu hören. Und so weiter. Irgendwas, nur vorwärts. Mehr mehr mehr mehr mehr. Sex. Mich. Die Menstruation habe ich nie gemocht. Jetzt nehme ich eine Pille, die die Blutungen unterdrückt.

MAMA?
MAMA?

DER HUND

Ulrike Schuff

„Mein Gott, was bist du ungelenk“, sagt meine Oma und mustert mich mit diesem abfälligen Blick, den sie für die besonderen Gelegenheiten reserviert, bei denen sie sich entweder über meine Figur oder aber Onkel Ottos andauernden Junggesellenstatus aufregt.

„Das wächst sich aus“, meint Onkel Otto, bezogen auf meine zugegeben immer üppigeren Rundungen, „das ist ja noch der Babyspeck.“ „Kümmere du dich lieber um deine Angelegenheiten“, weist Oma ihn sofort zurecht. „Ein gut gewachsener Mann in deinem Alter und keine Frau weit und breit!“ Sofort zieht Onkel Otto sich von seinem Verteidigerposten zurück und überlässt mich ohne weiteren Einwand Omas Tiraden. Diese sind nach Abnehm-Tipps wie „FdH“ und Mayo-Diät über „mehr Bewegung“ endlich in ihrem Lieblingsthema ausgeklungen: Tante Heidi und ihre Erfolge in Vergangenheit, Gegenwart und Zukunft. Als Einziges ihrer drei Kinder hat Tante Heidi es nach Omas Meinung nämlich zu einer ordentlichen Familie und einem bescheidenen Wohlstand gebracht. Im Gegensatz zum ewigen Junggesellen Onkel Otto und meiner inzwischen geschiedenen Mutter.

Am allerliebsten schwärmt Oma von Tante Heidis Erfolgen beim BDM – „das war ein Sportverein für junge Mädchen, damals hat man ja noch was getan für die Jugend“ –, wo sie es dank Disziplin und einer guten Konstitution – „da könntest du dir was abgucken“ – zur Jungscharführerin gebracht hat.

Ich kann dieses Thema genau so wenig ausstehen wie den Turnunterricht in der Schule oder Tante Heidis betont aufrechte Haltung und ihren strengen Blick.

Tante Heidi sehe ich zum Glück nur selten. Sie wohnt mit Onkel Hermann und ihren drei fast erwachsenen Söhnen in einer kleinen Stadt, die so weit entfernt ist, dass sie Oma nur gelegentlich besuchen können. Oma und Onkel Otto wohnen im gleichen Dorf wie wir – meine Mutter, mein kleiner Bruder und ich.

Ich besuche Oma und Onkel Otto oft nach der Schule und jetzt in den Ferien täglich. Der Fußweg führt durch ein Neubaugebiet und dann am Kirchenpfad entlang, der in der Sommerhitze unter einem Rundbogen aus Zweigen und Büschen in tiefem Schatten liegt. Auf der einen Seite grenzt das große Grundstück der Kirche an, eine Art Park mit gusseisernem Eingangstor, eine großzügige Grünfläche mit riesigen alten Kastanien. Sonntags pilgert hier die Schar der Kirchgänger durchs Tor, empfangen vom Pfarrer, der auf den Kirchentreppen steht. Unter den Blicken der stets schwarz gekleideten alten Frauen werden hier die Kinder dem Gott dargebracht, jeden Sonntag, die Mädchen in ihren weißen Kleidchen und weißen Schuhen, kleine Bräute des Herrn Jesus Christus, gelobt sei sein Name, in Ewigkeit Amen.

Weiter hinten, in großzügigem Abstand zur Kirche, liegt das Pfarrhaus. Dort wohnt der Pfarrer mit seiner Haushälterin und dort empfängt er die Kommunionkinder, bevor sie zum Sakrament zugelassen werden. Als angehendes Kommunionkind war ich auch schon dort, kannte das Pfarrhaus jedoch bereits früher, weil meine Mutter dort putzen geht.

Auf der anderen Seite des Pfades liegen große Gartengrundstücke. In einem der Häuser wohnt Simone Mertens, die mit mir in die Schule geht und im Sommer immer in ihrem riesigen Garten mit Swimmingpool spielt. Wenn ich vorübergehe, mustern wir uns schweigend. Wenn ihr älterer Bruder Heio dabei ist, hebt sie den Kopf noch höher, und dann birgt ihr Blick eine Drohung. Heio ist fast fünfzehn, über einen Kopf größer als ich, und starrt meistens schweigend mit zusammengekniffenen grellblauen Augen aus seinem Sommersprossengesicht. Ich muss alle Anstrengung aufbieten, um die beiden zu ignorieren.

Am Ende des Kirchenpfades, der um eine leicht geschwungene Kurve biegt, sodass man am Anfang das Ende nicht sehen kann und umgekehrt, liegt der Kuhstall eines großen Bauernhofs. Hier riecht es nach warmer Milch, frischem Heu und Dung.

Ich mag den Kirchenpfad, besonders im Sommer seinen berauschenden Blütenduft, die tiefe Ruhe und Abgeschiedenheit, als würde man eine andere Zeit, einen verwunschenen Ort betreten, wie manchmal im Märchen. Ich trödle immer, obwohl es hier keine Abzweigung und damit keinen Ausweg gibt. Es ist, als würde ich nur deshalb so oft zu Oma und Onkel Otto gehen, weil mich der Weg durch den Kirchenpfad so bezaubert. Denn gute Gründe zu Oma zu gehen habe ich eigentlich nicht. Wenn sie nicht über meine „Ungelenkigkeit" schimpft, kocht Oma Fleisch mit fetten Soßen, brät immer mit guter Butter, kocht Obst in Gläser für den Winter ein, bis es ganz weich, zuckrig und schlapprig ist, oder backt Kuchen mit schneeweißem Mehl und vielen Eiern. Sobald ich die Wohnung betrete, füttert sie mich mit Pralinen, die sie schachtelweise von Tante Heidi bekommt, die in einer Schokoladenfabrik arbeitet und „das eklige Zeug nicht mehr sehen kann".

Oft sitzt die Nachbarin von oben drüber, Frau Weber, in Omas Küche, und gemeinsam erzählen sie mir, wie ich auf meine Figur achten kann. Die Nachbarin ist bei Kriegsende von russischen Soldaten verschleppt worden und kam erst viele Jahre später wieder zurück aus Sibirien. Wenn sie nicht in Omas Küche sitzt, sitzt sie in ihrer eigenen, die genau oben drüber liegt, und raucht eine Zigarette nach der anderen. Das hätte sie von den Russen gelernt und würde es nicht mehr los, sagt sie immer. Ihre Stimme ist tief und ganz rau. Wenn ich sie in ihrer Wohnung besuche und Oma nicht dabei ist, vertraue ich ihr meine kleinen Geheimnisse an, auf ihre durch das Leid der Gefangenschaft erworbene Weisheit vertrauend. Gegen die Schmerzen meiner ersten Regel gibt sie mir roten Wein zu trinken, das löst die Krämpfe. Denn Wärmflaschen können Blutstürze auslösen und dann hat es sich mit dem Kinderkriegen.

Und dass ich die Jungs nur ja nicht an meine Scham ranlasse oder aber rechtzeitig die Pille nehme, das hat sie mir auch eingeschärft, obwohl ich lange gebraucht habe, um zu kapieren, dass meine Scham das „da unten" ist, wie meine Mutter das nennt.

Das hätte sie mir früher sagen sollen, denn an dem „da unten" war Onkel Otto schon immer sehr interessiert. Allerdings nur, wenn Oma nicht dabei war, was selten vorkam. Wenn ich oder meine gleichaltrige Großkusine früher zu Besuch waren, ließ sie ihn nicht aus den Augen, falls sie nicht gerade wichtige Dinge mit den Nachbarinnen zu besprechen hatte. Onkel Ottos Interesse ließ zum Glück nach, seitdem ich, wie unsere Biologielehrerin das nennt, in die Pubertät gekommen bin. Aber das ist auch nicht viel besser; gegen Onkel Otto konnte ich mich meistens zur Wehr setzen, im Ernstfall musste ich nur nach Oma rufen, aber den Veränderungen, dem ekligen Bluten und dem steten Wuchern meines Körpers bin ich hilflos ausgeliefert.

Heute hat Oma eine ihrer berüchtigten Lieblingsspeisen gekocht, Dampfnudeln mit Weinsoße, „das isst du doch so gern, Kind", sagt sie und nötigt mir noch einen dicken fetttriefenden Klops auf, „einen schaffst du noch." Danach kann ich mich nicht mehr bewegen, liege auf dem Sofa und lese in den Groschenheften, Arzt- und Fürstenromane, die Oma immer im Dutzend kauft und mit den Nachbarinnen tauscht. „Was liegst du da rum und wirst immer fetter", sagt sie jetzt, „mehr Bewegung, das ist es, was du brauchst." Also gehe ich nach Hause, wo es auch nicht besser ist, weil ich mein Zimmer mit meinem kleinen Bruder teilen muss, seitdem Mama einen neuen Freund hat.

Auf dem Nachhauseweg erzählt mir die Bäuerin von dem Hof neben dem Kirchenpfad, dass sie einen wilden Hund gesehen hat. Ich solle gut aufpassen, vor allem, wenn es dunkel ist.

Mama und der neue Freund streiten in der Küche, es ist, als wäre Papa wieder da, und mein Bruder sieht seine Lieblingssendung, Raumschiff Orion, im Fernsehen.

„Du musst noch mal zur Oma, Mehl ist alle und die Geschäfte sind schon zu“, sagt Mama. „Pass aber auf, es ist schon dunkel.“

Ich habe überhaupt keine Lust, Oma heute noch einmal unter die Augen zu treten, mache mich aber widerspruchslos auf den Weg, denn Widerspruch hat keinen Sinn, das habe ich schon früh gelernt. Natürlich trödle ich rum. Oma seufzt über die Gedankenlosigkeit ihrer Tochter, füllt Mehl ab und schickt mich wegen der Dunkelheit gleich wieder zurück. Beim Kuhstall riecht es seltsam, irgendwie beißend und nach Metall, und als ich an den Fensteröffnungen vorbeigehe, schreit eine Kuh.

Plötzlich tritt mir Heio in den Weg, ich habe ihn vorher gar nicht gesehen, er muss sich in den Büschen versteckt haben. Er starrt mich mit seinem stieren Blick an. Als ich an ihm vorbeigehen will, versperrt er mir den Durchgang, ohne Worte und ohne die Miene zu verziehen. „Lass mich durch, Blödmann“, sage ich zu ihm. Er reagiert nicht, ich will auf der anderen Seite an ihm vorbei, doch wieder stellt er sich vor mich. „Erst will ich deine dicken Möpse sehen“, sagt er. Sofort schießt mir das Blut in die Wangen, ich spüre die aufsteigende Hitze. „Du spinnst wohl“, sage ich, bemüht, nicht ängstlich zu klingen. „Zeig die Möpse her“, krächzt Heio jetzt und versucht, mir das Hemd hochzuziehen. „Hör sofort auf, oder ich erzähle es Simone“, sage ich. Aber die Drohung, die bei Onkel Otto immer funktioniert hat, prallt an Heio ab. Erst ein leises Knurren aus dem Gebüsch lässt ihn kurz innehalten, und als er einen Moment von mir ablässt, stoße ich ihn gegen den Zaun und renne so schnell ich kann. Hinter mir ein Keuchen, dann ein gellender Schrei, ich bleibe nicht stehen. Erst als der Pfad die Straße fast erreicht hat, drehe ich mich um. Heio krallt sich in den Zaun und starrt auf einen Hund. Der sieht aus wie ein Schäferhund, ist aber dunkler, ein wenig kleiner und kompakter, und hat Heio mit seinem Blick in den Zaun gebannt, so wie der Jesus in der Kirche ans Kreuz genagelt ist, genau so.

In dieser Nacht habe ich einen Traum:

Ich bin im Kirchenpfad, auf dem Weg zu Oma. Plötzlich ist es vollkommen still, kein Windhauch, kein Vogellaut, kein Stallgeräusch. Ich bleibe stehen, gehalten von einer unbestimmten Angst; der Ahnung von einer großen Bedrohung wie einem Unwetter oder eine Heuschreckenplage, die die Natur für einen Moment verstummen lässt, bevor ein unsägliches Unheil über die noch ahnungslosen Menschen hereinbricht. Und dann, hinter der Kurve, auf halbem Weg durch den Pfad, sehe ich ihn, den großen Hund, eine Art Wolf, gelbglühende Augen und scharfe Zähne im Mondlicht, immer größer werdend rennt er direkt auf mich zu. Kein Ausweg. Aber ich kann mich vor Todesangst sowieso nicht bewegen, stehe völlig erstarrt, entsetzt. Und dann rennt er einfach an mir vorbei. Rennt ohne zu zögern an mir vorbei. Erst Minuten später kann ich mich wieder bewegen, ich keuche, haste den Pfad entlang zu Oma, sie trinkt mit der Nachbarin Likör im Wohnzimmer. Als ich ihnen angstgeschüttelt erzähle, was passiert ist, sagt Oma erstaunt: „Aber warum hast du ihn denn nicht gestreichelt?"

Nass geschwitzt vor Angst und Entsetzen wache ich auf.

Am nächsten Tag liegt der Kirchenpfad friedlich unter seinem grünen Schattendach. Unter der großen Kastanie vor dem Pfarrhaus steht der Pfarrer und winkt mich zu sich. „Du treibst dich doch oft hier herum", sagt er. „Pass bloß auf, hier streunen ein paar Köter rum, nicht dass sie dir noch was abbeißen." Ich sage nichts dazu. „Nicht, dass es etwas schaden würde", meint er noch beim Wegdrehen, mit einem unterdrückten kleinen Kichern, das so leise ist, dass ich es mir auch eingebildet haben könnte. „Was du dir immer alles einbildest", sagt Mama nämlich oft zu mir und meint damit entweder Dinge, die ich angeblich frei erfunden habe und als wahre Begebenheiten verkaufen will, oder aber meine Überheblichkeit, meinen Glauben, etwas Besseres zu sein. Jedenfalls nach Mamas Meinung.

Aus Omas Wohnung höre ich aufgeregte Stimmen, sie streitet mit Onkel Otto, das heißt, sie beschimpft ihn, und er wagt es ab und zu, leise etwas einzuwenden. Als ich die Tür hinter mir schließe, verstummt Oma sofort, wendet sich ihren Marmeladengläsern zu und scheucht mich aus der Küche. „Im Wohnzimmer stehen Kekse", sagt sie nur. Onkel Otto hat sich hinter eine Zeitung verkrochen. Also gehe ich hoch zu Frau Weber, die sitzt rauchend am Küchentisch. „Was ist denn heute mit Oma los", will ich wissen. „Ach, nichts weiter", sagt sie ausweichend, „sie hat wohl Otto auf dem Spielplatz erwischt." Als ich wissen will, was denn daran so schlimm sei, schenkt sie mir nur kopfschüttelnd ein Likörchen ein, und ich überlege, ob ich ihr das mit Heio erzählen soll. Aber eine dumpfe Ahnung, dass Frau Weber Heios Ansinnen nicht weiter schlimm finden würde, hält mich davon ab.

Als sie mich jedoch nach unten in Omas Küche begleitet und die beiden so einvernehmlich die Likörflasche leeren und nebenbei das fertige Gelee in die bereitstehenden Marmeladengläser füllen, Frau Weber mit einer brennenden Zigarette im Mundwinkel, von der hin und wieder ein kleines Häufchen Asche in den heißen roten Sud fällt, überfällt mich plötzlich so ein elendes Gefühl von Verlassenheit, dass ich den Fehler mache und ihnen die ganze Geschichte erzähle. „Ach, du hast einen kleinen Verehrer", sagt Oma freudig überrascht. „Wer hätte das denn gedacht!" „Hast du denn nicht gehört, was ich gesagt habe, er wollte mir das Hemd ausziehen", erwidere ich empört. „Ach, daran gewöhnst du dich, und ehe du dich versiehst, kannst du es gar nicht mehr abwarten, dass er dich auszieht", krakeelt Oma, und sie und Frau Weber fangen an zu lachen, erst verhalten, dann immer lauter, halten sich schließlich die Seiten, atemlos vor Lachen, das jetzt ein schrilles Kreischen ist. Und Onkel Otto lugt neugierig hinter seiner Zeitung hervor, einen argwöhnischen Blick auf meine Brüste gerichtet. Mir schießen die Tränen in die Augen. „Das darf nicht sein", sagt eine Stimme in meinem Kopf, „das darf doch nicht sein." Und ich schäme mich, schäme mich, schäme mich.

Mit hochrotem Kopf streife ich durch die Wiesen am Dorfrand. Ich will nicht mehr zu Oma, nicht nach Hause, ich laufe um den ganzen Ort drum rum, bis es langsam dunkel wird. Schließlich lande ich doch wieder im Kirchenpfad, auf dem Weg nach Hause, die dichten Büsche schlucken das fahle Licht der einzigen Laterne. Am Wegrand sitzt der Hund von gestern und sieht mich an. Ich habe keine Angst. Gar keine Angst. Es ist mir egal, wenn er mir etwas tut, vollkommen egal. Ich sehe ihm in die dunklen schmalen Augen, er hebt den Kopf, verharrt ansonsten regungslos. Nur einmal heben sich seine Lefzen kaum merklich über die spitzen gelblichen Fänge. Und ich gehe einfach so an ihm vorbei, es ist weniger schlimm, als wenn mir Heio Mertens über den Weg gelaufen wäre. Doch der hält sich ja jetzt vielleicht zurück. Sicher sogar. Ganz sicher traut Heio Mertens sich nicht über meinen Weg, in meinen Kirchenpfad, wenn es dunkel ist und der Hund da sitzt. Jedenfalls solange der Hund da sitzt. Dieser Gedanke nimmt endlich diesen Druck von meiner Brust, das Ziehen in der Magengegend hört auf, und die Enge, die mir in der Kehle sitzt, weitet sich. Ich muss lächeln, lächle den Hund an, der alle in Angst und Schrecken versetzt, und für einen Moment sieht es so aus, als lächle er zurück, doch das ist mit Sicherheit nur ein Hecheln. In stillem Einverständnis trottet der Hund über den Kirchenvorplatz davon, wo ihn die Kastanien verschlucken, und ich trotte nach Hause, wo der Fernseher plärrt, meine Mutter ihren nicht mehr so neuen Freund anschreit, der zurückbrüllt, und mein kleiner Bruder sich schluchzend im Bett wälzt.

Am nächsten Morgen nehme ich Koteletts aus der Gefriertruhe und verstecke sie in meinem Kleiderschrank, und als es abends endlich dunkel ist, schleiche ich mich aus dem Haus, nehme das Fleisch, das einen leicht metallenen Geruch verströmt, mit in den Kirchenpfad. Ich warte am Zaun, neben dem verwaisten Swimmingpool der Geschwister Mertens. Als er kommt, lege ich das Fleisch ins Gebüsch, nicke ihm zu und ziehe mich wieder zurück. Er wartet, bis ich außer Sicht bin, bevor er es sich nimmt.

So geht es jetzt jeden Tag. Ich nehme das in Familienportionen eingeschweißte Fleisch aus dem großen Gefrierschrank, warte bis zum Abend und bringe es in den Kirchenpfad. Jedes Mal ist der Hund schon da, wartet auf das Fleisch, auf mich. Es ist, als hätten wir einen stummen Pakt geschlossen, der Hund und ich. Einen Pakt wie ein rätselhaftes Versprechen, dem ich erst noch einen Sinn geben muss.

Seitdem ich den Hund füttere, bekomme ich keinen Bissen mehr runter. Was auch immer ich zum Mund führe, es bleibt mir in der Kehle stecken. Das fällt schließlich sogar – zwischen Putzen beim Pfarrer und neuerdings auch bei der Familie Mertens und den Streitereien mit ihrem Freund – meiner Mutter auf. „Was ist los, bist du etwa krank“, fragt sie beiläufig. „Oder machst du etwa eine Diät? Apropos, Oma will wissen, wieso du nicht mehr zu ihr kommst. Wieso gehst du nicht mehr hin, hängst doch sonst immer dort rum?“ Dass ich nicht antworte, fällt nicht weiter auf. Allerdings fällt nach über einer Woche auf, dass das ganze Fleisch aus dem Gefrierschrank verschwunden ist. Es gibt einen riesigen Krach zwischen Mama und ihrem Freund, der nur Kartoffeln und Gemüse vorgesetzt bekommt. Und der türenschlagend in die Kneipe davonzieht, wie Papa früher, bevor er für immer gegangen ist. Kaum ist er draußen, klebt Mama mir eine. „Wo ist das Fleisch hin, du perverses Monster, hast du es dir gefroren in den Rachen geschoben?“, brüllt sie mich an. „Deshalb sieht man dich also nicht mehr essen am Tisch!“ Auch hierzu sage ich nichts, sage gar nichts mehr.

Am Abend, sehr spät dieses Mal, gehe ich ohne Unterpfand zum Kirchenpfad. Es ist soweit. Der Hund sieht mich an. Ich gehe an ihm vorbei, vorüber an der Kirche im stillen Nachtschatten, vorbei am Stall, in dem die Kühe alle gemolken sind, und er folgt mir in kurzem Abstand, dicht ans Gebüsch gedrängt.

Als wir den Pfad verlassen, wird es heller. Wir meiden die Lichtkreise, die die Laternen in regelmäßigem Abstand aufs Pflaster werfen. Ich schließe die Tür zu Omas Haus auf, lasse sie offen stehen, öffne die Wohnungstür und die Tür zum Schlafzimmer. Es ist alles ruhig, nur ein leises Schnarchen kommt vom Bett. Ich öffne die Tür zu Onkel Ottos Zimmer, hier wälzt sich ein leises Stöhnen über die Kissen. Vor dem Haus sitzt der Hund und wartet, bis ich wieder rauskomme. Erst als ich die Straßenecke erreiche, sehen wir uns noch einmal kurz an. Ich nicke. Der Hund läuft auf den Hauseingang zu.

ZU DEN AUTORINNEN UND AUTOREN

Fana Asefaw Assistenzärztin in Vivantes, Abteilung für Kinder- und Jugendpsychiatrie Humboldt-Klinikum Berlin und Mitglied bei FORWARD Germany e.V.

Asili Barre-Dirie Veterinärmedizinerin und 2. Vorsitzende bei FORWARD e.V. Das Interview erschien zunächst im Bulletin „Female Genital Cutting: Die Schwierigkeit, sich zu positionieren“ des Zentrums für transdisziplinäre Geschlechterstudien der HU Berlin

Annette Berr wurde 1962 in Berlin geboren, wo sie als freischaffende Künstlerin lebt und arbeitet (Schwerpunkt Wort – geschrieben und gesungen). Seit 1986 erschienen: einige Bücher mit Erzählungen, ein Roman, ein Lyrikbuch; mehrere CDs mit Chansons; zahlreiche Beiträge in Anthologien; mehrere Bühnenprogramme.

Maroula Blades, fünfmalige Preisträgerin des Internationalen Poetry Wettbewerbes in Schottland. Die Poems von Maroula Blades wurden mehrfach in Großbritannien veröffentlicht. Die englische Poetry-/Musik-Performance von Maroula Blades und George Henry ist bereits auf mehreren Bühnen Berlins, wie u.a. in der Schwartzschen Villa, im Planetarium am Insulaner, in der Stiftung Starke und im Haus der Kulturen der Welt präsentiert worden.

Kevin Blechdom aka Kristin Erikson, geboren 1978. Musikerin und Zeichnerin. Nach fünf Jahren in San Francisco, wo sie mit ihren Bands Adult Rodeo und Blectrum from Blechdom Platten u.a. auf Tigerbeat 6 veröffentlichte, lebt sie nun in Berlin und veröffentlichte ihr Album „Bitches without Britches“ auf Chicks on Speed Records. Kürzlich gründete sie ihr eigenes Label Dudini of America. Sie ist Mitglied bei dem Musiker-Kollektiv The Hub.

Françoise Cactus kam in Frankreich zur Welt. Sie ist Sängerin, Schlagzeugerin und Texterin von Stereo Total. Als Teenager kreierte sie das Genre „Lolita-Literatur“, siedelte nach ihrem Studium nach Berlin um und schrieb fortan auf Deutsch. Françoise Cactus hat bereits mehrere Bücher veröffentlicht: „Autobigophonie“, „Abenteuer einer Provinzblume“ und „Zitterparties“. „Sexberatung“ erschien zuerst in ihrem Buch „Neurosen zum Valentinstag“ im Rowohlt Verlag, Berlin. Mit freundlicher Genehmigung des Verlags.

Sarah Diehl geboren 1978, Diplom-Museologin, studiert derzeit Gender Studies und Afrikawissenschaften an der HU Berlin. Mitarbeit im Verbrecher Verlag, dort Mitherausgabe der Anthologien „Kreuzbergbuch“, „Mittebuch“ und „Neuköllnbuch“. Journalistische Arbeiten und Kurzgeschichten in verschiedenen Publikationen. Arbeitet zur Zeit an einer Anthologie zum Thema Abtreibung im internationalen Kontext, das im Herbst 2006 erscheint.

Tatjana Doll geboren 1970 in Burgsteinfurt. www.tatjanadoll.de

Tanja Dückers geboren 1968 in Berlin (West). Abgeschlossenes Studium der Germanistik und Nordamerikastudien. Zahlreiche Auslandsstipendien sowie Stipendien des Berliner Senats, der Stiftung Kulturfonds und des Hauptstadtkulturfonds. Verschiedene Preise, u.a. „Förderpreis Ruhrgebiet“, 1. Preis für Reiseliteratur, 1. Preis „Kargo Europa“ für das Warschau-Kapitel aus dem Roman „Himmelskörper“. Regelmäßig journalistische Arbeiten u.a. für Spiegel, Die Welt, Welt am Sonntag, Süddeutsche Zeitung, taz, Berliner Zeitung, Brigitte, Jungle World, Zitty, Tip, ndl, die horen. „Wüste Gobi“ ist Teil des unveröffentlichten Romans „Hausers Zimmer“.

Sonja Eismann 1973 in Heidelberg geboren, ist Redakteurin beim Popkulturmagazin Intro und lebt deshalb in Köln. Davor hat sie in Wien studiert, wohin es sie auch jetzt noch häufig zieht. Durch ihre dortige Tätigkeit für das popfeministische Magazin nylon fing sie an, sich intensiv mit der Repräsentation von Frauen in Popkultur und Medien zu beschäftigen und über die dort grassierenden Stereotypen, Klischees und Mythen zu Sex und Gender herzufallen. Sie sammelt elektronische Musik von Frauen, liebt kleine Tiere mit Fell und lacht gerne.

Katrin Funcke 1970 in Bielefeld geboren, studierte Kommunikationsdesign an der Hochschule für Bildende Künste Braunschweig mit Schwerpunkt Illustration bei Prof. Ute Helmbold. Seit 1998 lebt sie in Berlin und arbeitet als freiberufliche Illustratorin u.a. für Heineken, Nokia und den Stern. 2002 erhielt sie ADC-Gold für ihren Beitrag zum Mercedes Taxi Kalender. Sie veröffentlichte 2003 im Verbrecher Verlag: „ella nina john“. www.katrinfuncke.de

Phoebe Gloeckner Master Degree in Medizinischer Illustration der University Texas Medical Center in Dallas, ist derzeit Assistant Professor of Art in der University of Michigan, wo sie u.a. Comiczeichnen lehrt. Veröffentlichungen u.a „The Diary of a Teenage Girl!" und „A Child's Life and Other Stories".

Kerstin Grether geboren 1975, ist eine der stilprägenden Popjournalistinnen hierzulande. Nicht zuletzt wegen ihrer mimetischen Manifeste über weibliche Role Models. Sie war in den 90ern Redakteurin bei dem Popkulturmagazin Spex. Jetzt freie Autorin u.a. für Intro, MTV und die Feuilletons verschiedener Zeitungen. Sie lebt in Berlin. Im Frühjahr 2004 erschien ihr Debüt-Roman „Zuckerbabys".

Monika Großerüschkamp geboren 1968 in Wiedenbrück, studierte Soziologie in Köln und Bielefeld, später jobbte sie in Berlin und Dublin. Derzeit lebt sie wieder in Berlin.

Käthe Kruse geboren 1958 in Bünde/Westfalen, lebt seit 1981 in Berlin, war von 1982 bis 1987 Mitglied der Gruppe „Die Tödliche Doris", hat seit 1987 zahlreiche Ausstellungen und Performances im In- und Ausland, studierte von 1990 bis 1997 Visuelle Kommunikation an der Universität der Künste Berlin, Meisterschülerin, ist 1991 durch Heirat Schweizerin geworden, hat zwei Töchter, arbeitet als bildende Künstlerin, Sängerin, Handarbeitslehrerin und Autorin.

Conny Lösch ist Übersetzerin. Sie lebt und arbeitet in Hamburg und Berlin.

Stu Mead geboren in Waterloo, Iowa, ging 1983 nach Minneapolis, Minnesota, um dort an der Kunstakademie zu studieren. Von 1991-1997 Herausgabe des Magazins Manbag zusammen mit Frank Gaard, das als Kompilation veröffentlicht wurde. Weitere Veröffentlichung: Miniput. Im Jahr 2000 zog er nach Berlin, wo er seine Arbeit u.a. in der Galerie Endart zeigt.

Christian Morin geboren 1968 in Trier, lebt seit 1988 in Berlin (seit 1991 in Ostberlin). Von 1991-97 Booker des Konzertclubs „Eimer". Gründer und Mitbetreiber der Berliner Konzertagentur Headquarter (seit 1997). Nebenbei als Toningenieur für internationale Tourneen tätig. U.a. für Peaches.

Annette Lory 1968 geboren, lebt und arbeitet nach mehreren Stationen in der Schweiz und im Ausland heute als Sozialarbeiterin in Zürich. Erste Veröffentlichungen in der Literaturzeitschrift entwürfe.

Andrea Losch (Name geändert), geboren 1973, Ergo-Therapeutin.

Peggy Parnass aufgewachsen Hamburg, Stockholm, London, Kolumnistin, Autorin, Schauspielerin, Reporterin, lebt und arbeitet in Hamburg. Zahlreiche Auszeichnungen und Preise für ihre journalistische Arbeit und ihre Buchveröffentlichungen. Bücher unter anderem: „Prozesse" (erhältlich in der Buchhandlung Dr Wohlers, Hamburg), „Kleine radikale Minderheit", „Süchtig nach Leben" und „Mut und Leidenschaft". Der Text „Ein bisschen Liebe hätte mir nicht wehgetan" ist dem Buch „Unter die Haut" entnommen.

Avi Pitchon geboren 1968, Tel Aviv. Journalist (Schwerpunkte Musik, Politik, Kunst), Musiker, Kurator (zuletzt: „Wonderyears – New reflections on Nazism and the Holocaust", Berlin, „Conflicted", London) Künstler, DJ und Punk Rock Drag Queen/King. Würde alles tun, was Laibach, Dschinghis Khan oder PJ Harvey ihm sagen. www.siegelhead.com

Peaches aka Merill Nisker, geb. 1968 in Kanada. www.peachesrocks.com

Tine Plesch geboren 1959, gestorben 2004, Broterwerb als Apothekenhelferin: Verwertung des Studiums der Germanistik, Anglistik und Amerikanistik (Dr. phil.) im Dienst der Popkultur in der Musikredaktion des einzigen freien Radios in Bayern, Radio Z (Nürnberg), sowie als Mitherausgeberin von „testcard - beiträge zur popgeschichte" und als gelegentliche Autorin für weitere befreundete Publikationen.

Angie Reed geboren 1973, ist eine italo-amerikanische Künstlerin und lebt eine Weile in Berlin. Spielte Bass bei Stereo Total, Meisterschülerin der UdK Berlin, Malerei. 2003 veröffentlichte sie ihre erste Platte auf Chicks on Speed Records: „angie reed presents the best of barbara brockhaus with music for the lazy and not the bureaucrazy!" – Soundtrack ihrer Barbara Brockhaus-Sekretarinnen-Diashow. angie@angiereed.com

Ziska Riemann geboren 1973, aufgewachsen in Berlin. Aus einem früheren Leben bekannt als Comiczeichnerin (Future Subjunkies, Spacebastards, Starship Eden, Rascal & Lucille). Seit ein paar Jahren lebt sie vom Drehbuchschreiben. Außerdem macht sie Musik und hat gerade ihr eigenes Plattenlabel gegründet. www.ziska.tv

Ulrike Schuff wurde 1963 in Kaiserslautern geboren und lebt seit sieben Jahren in Berlin, wo sie als Journalistin, Lektorin und Webdesignerin arbeitet. Weitere Infos unter: www.ulrikeschuff.de

Sieres lebt in Berlin.

Ingrid Strobl, Jahrgang 1952, lebt und arbeitet als freie Buch-, Fernseh- und Rundfunk-Autorin in Köln. Publikationen u.a.: „Ende der Nacht“, Roman, Berlin 2005; „Ein Raum für mich. Wo Frauen zu sich selbst finden“, München 2004; „Ich hätte sie gerne noch vieles gefragt. Töchter und der Tod der Mutter“, Frankfurt am Main 2002 (Taschenbuchausgabe 2004); „Die Angst kam erst danach. Jüdische Frauen im Widerstand in Europa 1938 - 1945“, Frankfurt am Main 1998. Dokumentarfilme u.a.: „Die Geschichte der Ökobewegung“, Dokumentarfilm 2 x 30 Minuten, Köln (WDR) 2004; „Die Geschichte der Neuen Frauenbewegung“, Dokumentarfilm, 3 x 30 Minuten, Köln (WDR) 2002; „Einwanderungsland Deutschland“, Dokumentarfilm, 3 x 30 Minuten, Köln (WDR) 2001.

Maria Voigt geboren 1970 in Berlin. Studium der Philosophie in Berlin. Ausbildung zur Redakteurin in Hamburg. Arbeitsaufenthalte in London und Amsterdam. Lebt und schreibt in Berlin. Ihr Aktionsradius erstreckt sich von der Verteufelung der Langeweile bis hin zu Revolutionsgelüsten hinsichtlich der sexuellen Befreiung der Menschheit als Fundament für die Großbaustelle Freiheit.

Allison Williams hat in Großbritannien Geschichte studiert und arbeitet jetzt als Übersetzerin in Berlin. a_r_l_williams@hotmail.com

Gisela Elsner
DIE ZÄHMUNG
Chronik einer Ehe
Roman

Mit einem Nachwort von
Tjark Kunstreich

280 Seiten
15 €, 30 SFr
ISBN 3-935843-09-7

Die Zähmung des Schriftstellers Alfred Giggenbacher durch seine Ehefrau, die endlich den Durchbruch schaffen wollende Filmemacherin Bettina Begemann, galt 1984, als diese Chronik einer Ehe in Westdeutschland erschien, als Satire des Geschlechterrollentauschs. Achtzehn Jahre später ist von der „galligen Komik", der „satirischen Präzision", die der Verlag seinerzeit auf dem Cover versprach, nichts, aber auch gar nichts mehr übrig. Vielmehr erinnert Gisela Elsner in der Radikalität ihrer Ablehnung der Errungenschaften von 1968 an Michel Houellebeques Beschreibungen des postmodernen Beziehungselends.

Barbara Kirchner/
Dietmar Dath

SCHWESTER MITTERNACHT

Roman

350 Seiten
16 €, 30 SFr
ISBN: 3-935843-14-3

Dietmar Dath und Barbara Kirchner, beide profilierte Wissenschafts- und Science-Fiction-Autoren, haben diesen Roman gemeinsam verfasst. Es dreht sich um Himmel und Hölle, um den Krieg zwischen Terroristen und Regierungen, um Sex, Sex, Sex und um die Droge „Schwester Mitternacht", die auch die Hirne der WissenschaftlerInnen benebelt. Eine packende Story und zugleich eine Gesellschaftssatire.

Barbara Kirchner

DIE VERBESSERTE FRAU

Roman

240 Seiten
14,30 €, 28 SFr
ISBN 3-935843-01-01

„Die verbesserte Frau" wurde zu einem der zehn besten deutschsprachigen Science-Fiction-Bücher des Jahres 2001 gewählt.

„Bettina, gescheiterte Studentin, verknallt sich über Umwege in die mysteriöse Neurowissenschaftlerin Ursula. Das ist der einfache Teil an Barbara Kirchners Thriller. Kirchner läßt hier ihre wissenschaftliche Erfahrung einfließen, die sie als promovierte theoretische Chemikerin gesammelt hat. Fazit: In einem Satz durchlesen und sich über die Schlechtigkeiten der Welt wundern!"

Sabine König / Lespress

VERBRECHER VERLAG

Peter O. Chotjewitz
URLAUB AUF DEM LAND
Erzählung

128 Seiten
12 €, 22 SFr
Erstausgabe
ISBN 3-935843-35-6

In dieser Erzählung, Ende der Achtziger Jahre geschrieben, wird eine Journalistin während des Aufenthaltes in ihrer Provinzstadt in einen Mordfall verwickelt. Bei der Recherche merkt sie, wie die Vertreter von Polizei und Presse den Fall benutzen, um ihre eigene Politikkarriere vorantreiben zu können. Die Provinz ist nicht schlechter als die Stadt, doch wird in ihr vieles schneller sichtbar.

„Im engeren Sinn ist dieser Kriminalroman ein Detektivroman. Als Detektiv wird nicht etwa ein Marlowe aktiv, sondern eine Vivi Schweighard, eine burschikose Journalistin, deren Stärke ein selbstironischer Feminismus, deren Achillesferse die Liebe zum Alkohol und deren Markenzeichen flapsige Sprüche sind. Sie macht in ihrer Heimatstadt Urlaub und kommt falschen polizeilichen Ermittlungen in einem Doppelmordfall und einem Komplott des Chefredakteurs der Ortszeitung auf die Spur. Natürlich spielen parteipolitische Motive mit. So läuft alles auf die Enttarnung des kommunalen Establishments hinaus: eine Provinzposse."

Walter Hinck / Frankfurter Allgemeine Zeitung

VERBRECHER
VERLAG

Sarah Schmidt
DANN MACHEN WIR'S UNS EBEN SELBER
Roman

176 Seiten
13 €, 24 SFr
Erstausgabe
ISBN: 3-935843-41-0

Winter 1986/87. Zwei Kreuzbergerinnen, allein erziehende Mütter, jung, abenteuerlustig, wollen dem Kiez entfliehen – die Kinder kranken an Pseudo-Krupp, die Stadt stinkt nach Kohleöfen. Mit einigen Tricks und etwas Betrug schaffen sie es, sich ein paar Tage auf Mallorca zu finanzieren. Doch außerhalb der Saison ist die Insel sterbenslangweilig, die Kinder brauchen Aufmerksamkeit, die Mütter jedoch ebenso. Schließlich lernen sie einen Hotelgast kennen... Die Struktur eines klassischen Urlaubsromanes erlaubt es Sarah Schmidt nicht nur, den Alltag alleinerziehender Mütter minutiös zu beschreiben, sondern auch auf das Grauen zu verweisen, das hinter dem lauen Alltag und den kühnen Träumen lauert.

„Einzelne Beschreibungen sind wundervoll, selten so guten Sex gelesen. (...) Die Autorin steht hundert prozentig hinter ihren beiden Hauptfiguren, und das trägt die Geschichte. Man lernt als Leser zwei Frauen kennen, mit denen man gerne befreundet wäre."

Katrin Schings / Berliner Zeitung

Verbrecher Verlag Gneisenaustrasse 2a 10961 Berlin
www.verbrecherei.de info@verbrecherei.de